U0835259

税务机关办税服务厅业务指南大全（全三册）

下 纳税服务制度

刘慧平○主编

立信会计出版社
LIXIN ACCOUNTING PUBLISHING HOUSE

目　录

第一章

办税服务

第一节　办税环境

一、外部标识

办税服务厅外部标识主要指办税服务厅门牌标识，位于办税服务厅门口醒目位置，具有指引作用，主要包括图案、文字、颜色、字体、比例等要素，由税徽（其中：红色填充色为 pantone 1795 c，process m:100 y:100；黄色填充色为 pantone yellow c，process y:100）、中文名称“办税服务厅”、英文名称“TAXPAYER SERVICE HALL”组成。

外部标识分为横向标识、竖向标识、立式标识三种外观。

横向标识。适用于正门较大且具备悬挂大幅醒目标牌的办税服务厅，尺寸规格设定为高∶宽＝1∶5，属于单边齐头排版格式。

竖向标识。适用于正门较小较窄，且无条件悬挂大幅醒目标牌的办税服务厅，尺寸规格设定为宽∶高＝1∶4。

外部标识具体规格根据各办税服务场所的实际因地制宜确定。

外部标识中文字体为方正大黑简体，英文字体为 TIMES NEW ROMAN，英文全部使用大写。税徽底色与文字底色均为古蓝色，较为庄重，整体感强；同时配有辅助色卡其色（pantone 7506 c，process m:20 y:35 k:10），属暖色系，与古蓝色冷色系搭配，整体较为和谐。

设在税务分局（所）等地的办税服务场所，其外部标识参照上述规定执行。

设在政务服务中心或政府职能部门办事大厅的办税服务场所，其外部标识兼顾当地政府部门的管理要求。

【政策依据】

1.《国家税务总局关于统一使用办税服务厅标识有关问题的通知》（国税发〔2008〕29号）

2.《国家税务总局关于进一步统一规范办税服务场所标识的通知》(税总函〔2014〕299号)

3.《国家税务总局关于印发〈办税服务厅管理办法〉的通知》(税总发〔2017〕141号)

二、内部标识

(一) 内部标识基本元素

颜色:办税服务厅内部各类标识底色统一为古蓝色(Pantone 2945 c),文字色为白色(Pantone),配比为C:100 M:38 Y:0 K:15。

字体:中文字体为方正大黑简体,英文字体为Times New Roman。

(二) 标识主要类别

办税服务厅内部标识是引导和方便纳税人办税,传递税务机关纳税服务理念的视觉识别系统。其主要类别如下:

(1) 窗口标识:根据实际情况科学、规范设置办税服务窗口,窗口上方应设置窗口名称标识,一般分为综合服务(Comprehensive Service)、发票管理(Invoice)二类。

规格:长500 mm×高200 mm。

安装:窗口标识应采取吊挂式,安装在办税工作平台正上方,距离工作台面1.5米为宜,各窗口标识之间应当保持合适距离,确保整齐和美观。

窗口标识也可采用电子液晶显示屏的形式。电子液晶显示窗口应按顺序进行编号,每个窗口注明窗口名称。

(2) 功能区标识:办税服务厅各区域应设置区域名称标识,包括:办税服务区(Tax Service Area)、咨询辅导区(Consultation Area)、自助办税区(Self-service Area)、等候休息区(Waiting Area)。

规格:长1 000 mm×高240 mm。

安装:功能区域标识一般采取吊挂式,在功能区域所在地正上方安装,距离地面2.2米高为宜。

(3) 服务设施标识:公告栏、意见箱等服务设施标识,可按照标识基本元素要求,结合设施实际尺寸自行设计安装。

(4) 办税服务厅应根据面积和总体布局设置背景墙标识,通常设置在办税服务厅正面中央或办税服务区背景墙中部。背景墙标识应统一采用"税徽+为国聚财 为民收税"的样式(见图1-1)。标识的颜色、字体等基础元素应与前述规定保持一致。标识规格可由各地根据各办税服务场所的

图1-1 背景墙标识

实际情况确定。

(5) 政务中心的办税服务场所,内设标识以当地政务中心的要求为准。

【政策依据】

1.《国家税务总局关于统一使用办税服务厅标识有关问题的通知》(国税发〔2008〕29 号)

2.《国家税务总局关于进一步规范办税服务厅内部标识有关问题的通知》(国税发〔2009〕524 号)

3.《国家税务总局关于进一步统一规范办税服务场所标识的通知》(税总函〔2014〕299 号)

4.《国家税务总局关于印发〈办税服务厅管理办法〉的通知》(税总发〔2017〕141 号)

三、服务区域设置

办税服务厅服务区域设置应体现人性化,要充分运用信息化手段,既便于与纳税人面对面交流、"零距离"沟通,又不断提高办税服务质效。

(一) 功能分区

办税服务厅一般设置办税服务区、咨询辅导区、自助办税区和等候休息区等四个服务区域。

(1) 设置办税服务区,作为提供办税服务的主体区域。

(2) 设置咨询辅导区,作为提供涉税咨询、辅导纳税人办理各种涉税事宜的功能区域。咨询辅导区设置咨询服务岗,配备专职人员,受理纳税人的涉税咨询。

(3) 设置自助办税区,作为纳税人自行办理纳税申报、发票认证和网上抄报税等业务的功能区域。自助办税区一般根据纳税人自助办税需要配备自助办税计算机、扫描仪、打印机,设置资料架,提供办税所需的各种表证单书和常用税务文书填写范本、办税指南和纳税须知等政策宣传资料。

(4) 设置等候休息区,作为纳税人在办税过程中等候休息、了解税收政策、获取涉税信息的功能区域。

(5) 各地可结合实际对功能区域进行适度调整,可以合并设置功能区域,也可以根据纳税人需要和管理需要设置其他功能区域。

(6) 政务中心的办税服务场所,有场地条件的按照上述基本规范要求设置功能区域,无场地条件的以当地政务中心的要求为准。

(二) 其他设置

(1) 办税服务厅应在显眼位置公布办公时间,公开省、市(州)、县(市、区)三级纳税服务投诉、举报电话,设立举报箱,接受纳税人的监督。

（2）应在显眼处设立“禁止吸烟”标志，做到防火、防盗设施齐备，紧急疏散指示标识清晰醒目。

（3）办税服务厅设置公告栏、宣传资料架、取表填单台、电子显示屏等设施。

（4）定期检查、维护服务设施设备，保证设施设备正常运作，确保宣传资料更新及时。

（5）配备视频音频监控系统，有条件的，配备排队叫号系统、服务质量评价系统。

（6）配备自助办税设施和 24 小时自助办税终端。

（7）在办税设施醒目位置张贴“爱护办税设施”等提示性标签。

（8）应当为办税服务厅工作人员提供休息区及必要的减压设施，缓解工作人员工作压力。

（9）政务中心的办税服务场所，有场地条件的按照上述服务规范要求设置功能区域，无场地条件的以当地政务中心的要求为准。

【政策依据】

1.《国家税务总局关于进一步规范办税服务厅内部标识有关问题的通知》（国税发〔2009〕524 号）

2.《国家税务总局关于进一步统一规范办税服务场所标识的通知》（税总函〔2014〕299 号）

3.《国家税务总局关于印发〈办税服务厅管理办法〉的通知》（税总发〔2017〕141 号）

四、服务窗口设置

（1）根据业务量合理设置综合窗口和专业窗口，综合窗口可一次性办理多项业务，专业窗口办理相对独立、办理频次较高、有利于提高办税效率、便利办税的业务。遇到特殊时期或重大业务调整时可临时增设办税窗口。办税服务厅不得设置“税务登记”“补充信息采集”窗口。

（2）根据办税服务厅的服务效能，动态调整窗口数量和职能，合理调配窗口资源，防止出现忙闲不均的现象，并为应对窗口拥堵等现象做好应急准备。

（3）办税服务厅设置专门窗口作为“绿色通道”，为特定纳税人提供优先受理、优先办结各项涉税事宜的服务。特定纳税人包括：连续 3 年纳税信用为 A 级的纳税人，预约办理涉税事项的纳税人，老弱病残孕等行动不便的纳税人，因税务机关的工作失误再次来办税服务厅办理涉税业务的纳税人，以及其他根据实际需求确定的服务对象。

【政策依据】

1.《国家税务总局关于推进国税、地税办税服务厅合作共建的指导意见》（税总发

〔2016〕42 号）

2.《国家税务总局关于进一步优化营改增纳税服务工作的通知》（税总发〔2016〕75 号）

3.《国家税务总局关于印发〈办税服务厅管理办法〉的通知》（税总发〔2017〕141 号）

第二节　文明礼仪

一、着装规范

（1）办税服务厅工作人员在工作时间内应统一着装上岗。

（2）着税务制服时必须衣裤（裙）成套穿戴整齐，包括胸章、肩章、肩徽、肩杠、领花、领带等配套标志；对帽子是否佩戴不作硬性规定，但戴帽时必须佩戴帽徽。

① 春秋装及冬装上衣佩戴硬肩章、金属胸章及金属肩徽、肩杠、领花；着春秋装时，穿统一配发的衬衣，系统一配发的领带。

② 夏装上衣佩戴树脂胸章、软肩章（含肩徽、肩杠）；着长袖夏装时，夏装上衣要扎在裤（裙）内，扣袖扣，系统一配发的领带。

③ 工作时间有特殊情况（如怀孕、受伤等），不便于着税务制服的，经办税服务厅负责人同意后可着便服上岗，应做到庄重得体。

④ 不得将不同季节的税务服装混穿，不得税服和便装混穿，着冬装、春秋装时内衣领不得外翻、下摆不得外露，不穿奇装异服，季节换装时间由县税务机关根据气候变化和办税服务厅室温统一确定。

⑤ 女士着制服裙装时，不得搭配带有花纹（图案）或颜色鲜艳的丝袜，丝袜应无勾丝、脱丝现象，切忌袜口露于裙子外。

⑥ 工作人员在非工作时间不得穿着税务制服，严禁着装参加娱乐和外出餐饮等与工作无关的活动。

（3）着装必须衣冠整洁，穿着得体，不得有披衣、敞怀、挽袖、卷裤等衣冠不整行为。

（4）着装人员要仪表端庄，举止大方，讲文明，讲礼貌。

（5）上班时应穿大众化的皮鞋或凉鞋，不准穿拖鞋。

【政策依据】

1.《国家税务总局关于加强税务工作人员制式服装管理的通知》（税总函〔2014〕336 号）

2.《国家税务总局关于印发〈办税服务厅管理办法〉的通知》（税总发〔2017〕141 号）

二、岗前准备

(1) 提前做好服务设施的检查,确保计算机、排队叫号机、触摸屏、打印机、复印机等工作设备正常运行,各类办税指南、宣传材料及纳税人所用各式文书种类齐全、数量充足、整齐摆放。

(2) 提前做好换装和工作准备,准备好工作所需的各类办公用品和窗口用计算机,确保按时上岗。

(3) 将手机调至静音或振动状态,窗口柜台上摆放好窗口服务标牌。

(4) 调整好精神状态,不把不良情绪带入工作中,表情自然平和。

【政策依据】

《国家税务总局关于印发〈办税服务厅管理办法〉的通知》(税总发〔2017〕141 号)

【案例解说】

时间:8 月 10 日上午 8:35。

地点:办税服务厅。

小规模纳税人王先生直接来到主管税务局办税服务厅 3 号窗口,办理纳税申报。窗口工作人员小赵正在埋头整理柜台,还没有打开电脑、打印机等设备。几分钟后,小赵整理完毕后受理了王先生的申报事项。当小赵打印完税证明时,打印机突然卡纸。

小赵嘀咕了一句:“完了,打印机上周就坏了,忘记修了。”

维修人员在修理打印机,王先生焦急的等待,十分钟过去了,打印机仍然没有修好,王先生实在不耐烦了。

王先生抱怨了一句:“能不能快点,我还有急事要办!”

小赵随口答道:“打印机坏了,我也没办法。”

王先生提高声调:“这台打印机坏了,不会去其他窗口帮我打印吗? 你们效率太低了!”

小赵也提高了声音:“吵什么吵! 你等不及就重新叫号排队到其他窗口打印,哪来那么多意见!”

王先生大怒道:“什么态度,我要投诉你们。”说完走出了办税服务厅。

请指出该办税服务厅存在的主要问题。

【参考答案】

(1) 小赵没有做好岗前准备,应在上班前 10 分钟就准备好工作所需的各类办公用品,检查计算机等工作设备是否正常运行、纳税人办税所需的用品及设备是否完备、可用,保证工作时间准时提供办税服务。

(2) 导税人员未引导纳税人取号。

(3) 小赵没有正确使用服务用语,对待纳税人的态度恶劣。

(4) 在办理业务过程中遇到突发状况后,小赵未能为纳税人进行耐心解释,在修理打印机过程中未能有效安抚纳税人情绪,并就采取应急措施做好窗口协调工作。

(5) 办税服务厅发生征纳冲突时,值班领导没有第一时间介入,引导相关人员到安静场所进行沟通。

三、服务用语

(1) 办税服务时提倡使用普通话,如遇纳税人习惯用本地方言交谈时,可尊重纳税人的习惯,以方言交流。

(2) 语气亲切,态度诚恳;语速适中,与纳税人的语速相适应;声调自然、清晰、亲和。

(3) 使用文明用语,禁用服务忌语,不得使用恐吓、威胁性的语言。

(4) 规范服务用语。

① 办税服务用语:

接待纳税人时:主动招呼“您好!”“请问有什么需要帮助的?”“请您递上×××资料”“请出示×××证件”等。

发现资料不全、内容不完备、数据有误时:“您的资料不全或资料有误,请复核一下”“根据×××规定,您还应补报如下资料:×××,请一次补齐”“需要我为您再解说一次吗”。

发现问题或应给予处罚时:“您的×××资料不符合×××规定”“您的这种情况(行为),依照×××规定应给予×××处罚,请理解”。

业务办理完毕时:“您的事已办结,这是您的资料,请收好”“您的××事情已办理完毕,还有什么需要帮忙的吗”。

收取现金时:“收您×××元”,找还零钱时:“找您×××元,请您点一下”。

工作中出现差错时:“对不起,请原谅”。

拒绝对方不合理要求时:“对不起,按照×××政策规定,这个我们不能办理,请您谅解”。

办事结束离开时:“谢谢合作,再见”“您的申请已经受理,审批结果将在××个工作日内回复您,请留下您的联系方式以便及时通知您”。

系统有故障时:“对不起,电脑(系统)出现故障,正在检修,请稍等”。

纳税人表示感谢时:“别客气,这是我(我们)应该做的”。

② 电话用语规范:

接电话时:“您好! 这里是××税务局办税服务厅,请问有什么可以帮您的吗”。

来电找人时:“好的,请稍等”。

找人不在时:“×××同志不在或他(她)去×××地方了,有事需要转告吗?”或者

"一会儿您再来电话好吗"。

对方打错电话时:"对不起,您打错了"。

向外打电话时:"您好!我是×××(单位)×××,麻烦您请×××同志(职务)接电话"。

通话结束时:"再见"。

③ 服务忌语:

称呼纳税人:"喂""那个谁""戴眼镜的"等。

纳税人咨询时:"不知道""刚才和你说过了,怎么还问""你问我,我问谁去?""我也搞不清,你问别人""你问隔壁""文件上有规定,自己查去""大概是吧"等。

办理涉税事项时:"干什么""资料都不齐,补好再来""这样简单的事都搞错了,当什么会计""我现在没空,等会""今天不办了""不是我的事,我管不了""没上班,急什么""要下班了,明天再来""我就是这样子,你去告吧""喊什么,等会儿"等。

纳税人投诉或抱怨时:"有意见找领导去!""你能,你来干"等。

纳税人反映情况或陈述意见时:"现在才讲,早干什么来着?""快点讲,我还有事呢"等。

【政策依据】

《国家税务总局关于印发〈办税服务厅管理办法〉的通知》(税总发〔2017〕141号)

四、仪容举止

(一)税容礼仪

(1)头发要整洁,梳理整齐,不准染异色头发,不要留怪异发型。男士不留长发;女士长发应束发或盘起。

(2)眼镜洁净明亮,无眼疾等特殊情况不准戴墨镜或其他有色眼镜为纳税人提供服务。

(3)鼻孔干净,鼻毛不外露。

(4)不留长胡子,不留八字胡或其他怪状胡子。

(5)口味应保持清新,无异味,牙缝不要有食物残渣。

(6)女性不用深色或艳丽口红。

(7)脸部洁净,女性宜化淡妆,工作期间不得搭配夸张的首饰、佩饰等,不宜佩戴有声响的饰物,喷洒香水宜以气味芬芳、清淡为好。

(8)不浓妆艳抹,严禁在岗位上补妆。

(9)指甲整齐,不留长指甲,女士不要涂颜色过于鲜艳的指甲油。

(10)不得文身。

（二）举止礼仪

（1）站姿：抬头，双目平视，挺胸，收腹，肩平。双臂和手在身体两侧自然下垂，也可双手合起，放在腹前。双腿并拢直立，脚尖分呈V字形，身体重心放到两脚中间。男士也可两脚分开，比肩略窄。站立时，双手不可叉在腰间，不宜放入裤子口袋中，也不宜在胸前抱臂；双腿不可不停抖动。

（2）坐姿：轻轻入座，不宜用力过猛，宜坐满椅子的2/3。就座时，上身应保持挺直端正，可微前倾，双手舒展或轻握于膝盖上。男性就座时双腿平行分开，不宜超过肩宽；女性就座时双脚交叉或并拢。如果长时间端坐，可将两腿交叉重叠，同时将腿向回收。在前台就座工作时，不得有趴伏桌面、跷二郎腿或仰靠椅背等懒散不雅动作；不得脱鞋、把脚放到自己的桌椅上或架到别人桌椅上；双腿不可不停地抖动。

（3）蹲姿：下蹲时，不宜直接弯腰进行，采取两脚前后交叉的蹲姿，一脚在前，一脚在后，两腿向下蹲，在前面的脚全着地，小腿基本垂直于地面，后脚跟提起，脚掌着地，臀部向下。下蹲时，女性应两腿并紧，如身着裙装，要用手把裙子向双腿拢一下再下蹲。

（4）走姿：行走时，双肩平稳，目光平视，下颌微收，面带微笑，不要后仰、摇晃、跳动或眼向下看。男性应抬头挺胸，步履稳健、自信，避免八字步；女性应背脊挺直，双脚平行前进，步履轻柔自然，避免做作。走路要轻，在办税服务厅不奔跑喧哗，遇急事可快步。行走时应文明礼让，不要从他人中间插过，要绕行或稍微等待，急事可先礼貌提示对方。

【政策依据】

《国家税务总局关于印发〈办税服务厅管理办法〉的通知》（税总发〔2017〕141号）

五、接待规范

（1）接待纳税人时应文明礼貌，态度谦和，微笑服务，不得态度生硬、冷淡、烦躁、蛮横，不怠慢、训斥纳税人，不与纳税人争执。

（2）对纳税人提出的问题要耐心倾听，对自己不熟悉的疑难问题按“首问责任制”要求，负责为纳税人作出正确的指引。

（3）工作电话铃响后应尽快接听，在接听过程中应专心、耐心倾听，重要内容要记录；通话结束时，应等纳税人先挂断电话，不可先行或强行挂断。

（4）传递物品、资料时应温和有礼，不应用手敲打桌面提醒纳税人。

（5）因办公设备或业务系统出现故障等情况影响业务处理时，应及时向纳税人做好解释说明；在办理业务时一般不接听电话或处理其他事务，确须接听电话或处理其他重要事务的，应先向纳税人致歉，请其稍候，并尽量避免让其长时间等待。

（6）服务窗口需要临时关闭时，应摆放“暂停服务”标识牌。

【政策依据】

《国家税务总局关于印发〈办税服务厅管理办法〉的通知》(税总发〔2017〕141 号)

六、服务纪律

(1) 严格遵守廉政规定,忠于职守、廉洁自律,不得利用职务之便为自己或他人谋取不正当利益,不得接受纳税人宴请或纳税人赠送的礼品礼金、有价证券等,不得以任何借口刁难纳税人。

(2) 保守国家秘密和税务机关内部的工作秘密。依法为纳税人、扣缴义务人的情况保密,不得向当事人以外的第三者披露在工作中获得的商业秘密、个人隐私及其他非公开信息。

(3) 实行挂牌上岗制度,办税服务人员应佩戴标示姓名、部门、职务、工号的胸牌,自觉接受纳税人监督。

(4) 严格遵守考勤和请假制度,按照规定时间上岗,不迟到、不早退。

(5) 不擅离职守,除办理业务确需交流外,上班时间不得串岗聊天,不嬉笑打闹、大声喧哗,不用电话或手机聊天,不打牌,不从事股票交易活动。

(6) 对外服务期间,不看与工作无关的书报杂志,不做与工作无关的事情,严禁上网聊天购物、玩游戏、听音乐、看影碟。

(7) 工作时间,不得在办税服务厅内吸烟、嚼槟榔、吃零食等,上岗前及工作日中午不饮酒或含有酒精的饮料。

(8) 不怠慢、训斥纳税人,不与纳税人争辩。

(9) 工作期间,如因内部衔接、协调、配合不当产生意见或矛盾,不在纳税人面前抱怨或议论。

(10) 不得故意拖延办理业务时间,严禁对纳税人推诿、搪塞,因特殊事宜未能及时为纳税人办理涉税业务时,应向纳税人说明情况,并请谅解。

(11) 严格按规定操作和使用计算机,禁止将用户名和密码外泄,禁止将非工作软件在计算机上安装使用。严禁在计算机中擅自更改、删除纳税人信息。

(12) 同事之间的工作交流应简洁明了,长时间的交流,应在后台或办公室进行。

【政策依据】

《国家税务总局关于印发〈办税服务厅管理办法〉的通知》(税总发〔2017〕141 号)

【案例解说】

2017 年 8 月 15 日,本市某区(非五个城区)区政府特聘监督员老李到该区税务局办税服务厅暗访。老李记录了当天9:10～18:20发现的以下情况：

(1) 办税服务厅5号窗口工作人员边吃早点边工作。

(2) 办税服务厅3号窗口拒绝为非本辖区纳税人办理增值税纳税申报业务。

(3) 咨询台工作人员向纳税人推荐中介代理机构。

(4) 办税服务厅8号窗口工作人员在工作时间玩电子游戏。

(5) 纳税人向办税服务厅9号窗口工作人员询问地税事宜，该窗口工作人员说不了解相关情况。

(6) 办税服务厅8号窗口无人值守，未摆放“暂停服务”标识牌。

(7) 办税服务厅2号窗口没有纳税人办理业务，窗口工作人员的手机铃声响起(未接听)。

(8) 老李向咨询台人员咨询企业所得税特殊重组问题，咨询人员无法立即准确答复，记录后对老李说三天内电话回复。

(9) 某纳税人抱怨增值税专用发票最高开票限额审批14天才办理完毕。

(10) 某纳税人反映，咨询台工作人员告知其应带的资料与纳税服务规范不一致。

(11) 当天下午全体所领导到区局开重要会议，领导值班岗暂时无人。

(12) 办税服务厅未设置预审区。

(13) 办税服务厅5号窗口工作人员为孕妇，未着制服上岗。

(14) 办税服务厅公告栏张贴了纳税信用A级、B级纳税人名单。

(15) 下班时间已过(18:20)，办税服务厅剩下最后一名纳税人，因其事项较多，窗口工作人员接收了纳税人的资料，告知其待办结后通知他。

【要求】

请你对老李所记录的情况逐一判断是否符合纳税服务规范？对其中不符合纳税服务规范的行为指出其问题所在。

【参考答案】

(1) 不符合。办公区域严禁进食。

(2) 不符合。对于增值税申报业务已经实现同城通办，窗口工作人员不应拒绝外区纳税人的申报。

(3) 不符合。税务工作人员严禁向纳税人推荐中介机构。

(4) 不符合。上班期间禁止做工作无关的事。

(5) 不符合。纳税人到国税部门询问地税事宜，国税部门首问责任人承担首问责任。

(6) 不符合。窗口工作人员暂时离开，须摆放暂停服务标识牌。

(7) 不符合。窗口工作人员手机应调到静音或震动状态。

(8) 符合。

(9) 符合。

(10) 不符合。咨询人员应强化业务学习,熟悉纳税服务规范。

(11) 不符合。领导值班岗必须有所领导值班。

(12) 符合。

(13) 符合。

(14) 不符合。B级纳税人名单不公开。

(15) 符合。

第三节 服务制度

一、首问责任制

(1) 首问责任制度,指纳税人到办税服务厅办理涉税事项或寻求涉税帮助时,首位接洽的工作人员为纳税人办理或有效指引纳税人完成办理涉税事项的制度。

(2) 首问责任制的业务范围包括涉税业务办理、涉税业务咨询、纳税服务投诉和税收工作建议。

(3) 纳税人到税务机关或通过电话等方式办理涉税事项、寻求涉税帮助时,首位接洽的税务工作人员应热情接待,认真倾听,不得推诿、敷衍、拖延或者拒绝。

(4) 首问责任人对职责范围内的涉税事项应按规定办理或答复;对不属于首问责任人职责范围的涉税事项,应为纳税人进行有效指引;不属于本税务机关职责范围的涉税问题,向纳税人说明,并给予相应的指引帮助。

(5) 建立登记台账制度。首问责任人对不能现场办理的涉税事项应建立登记台账,内容包括:接洽时间、纳税人名称、联系方式、首问事项、首问责任人、承办人和办理答复时间等相关信息。

【政策依据】

1. 《国家税务总局关于印发〈税务系统首问责任制度〉的通知》(税总发〔2014〕59号)
2. 《国家税务总局关于完善办税服务相关制度的通知》(税总发〔2016〕41号)
3. 《国家税务总局关于印发〈办税服务厅管理办法〉的通知》(税总发〔2017〕141号)

二、领导值班

(1) 办税服务厅应当实行领导值班制,值班领导由设立办税服务厅的税务机关局领导和相关科(处)室负责人轮流担当,并设置领导值班标识。值班责任为:对办税服务厅工作人员进行监督管理,维护正常办公秩序;接受纳税人咨询或投诉,指引纳税人办税;协调处理办税服务厅工作人员与纳税人的税务争议;负责处理值班期间发生的突发事件;协调解决由其他领导批办的事项;协调解决由其他有关科室承办的事项。

(2) 值班领导在值班期间要坚守工作岗位,因故不在岗时,应由其他领导临时接替。

(3) 在办税服务厅设置领导值班标识和领导值班日志。值班领导要认真填写值班日志,详细记录值班情况。

【政策依据】

1.《国家税务总局关于做好营业税改征增值税纳税服务工作的通知》(税总发〔2016〕43号)

2.《国家税务总局关于进一步优化营改增纳税服务工作的通知》(税总发〔2016〕75号)

3.《国家税务总局关于印发〈办税服务厅管理办法〉的通知》(税总发〔2017〕141号)

三、办税公开

(1) 税务机关依据国家法律、法规的规定,在税收征收、管理、检查和实施税收法律救济过程中,依照一定的程序和形式,向纳税人公开相关涉税事项和具体规定。

(2) 办税服务厅应当坚持办税公开,公开的内容包括税收法律法规政策、服务事项、办税程序、税务违法处罚标准、办理时限、办公时间、服务人员信息以及咨询和投诉举报电话等事项。

(3) 对于国家秘密和涉及国家安全的信息、依法受保护的商业秘密和个人隐私,以及法律法规禁止公开的事项,不得公开。

【政策依据】

1.《国家税务总局关于进一步推行办税公开工作的意见》(国税发〔2006〕172号)

2.《国家税务总局关于印发〈办税服务厅管理办法〉的通知》(税总发〔2017〕141号)

3.《国家税务总局关于全面推进政务公开工作的意见》(税总发〔2016〕50号)

四、导税服务

(1) 办税服务厅应当设立导税岗位,导税服务内容包括:引导纳税人在相关的服务区域或窗口办理事项;辅导纳税人填写涉税资料和自助办税;协助纳税人核对涉税资料和表单填写的完整性;解答纳税人办税咨询;宣传税收法律法规政策;维护办税秩序。

(2) 设立办税服务厅的税务机关应当结合纳税人流量和业务量等因素,合理配置办税服务厅导税服务人员。导税服务人员应当熟悉税收法律法规政策和管理制度、窗口职能、办税流程以及自助设备操作方法，具备较强的沟通协调能力。

（3）导税服务人员应当积极响应进厅纳税人的办税需求，利用网上办税、自助办税、窗口办税等渠道，合理有效分流人员，减少纳税人办税排队等候时间。

（4）纳税人流量较大的办税服务厅应设置流动导税人员，主动提供导税服务。

（5）为减少纳税人无效等候，在纳税人取号等候期间，办税服务厅负责人可指定导税人员对纳税人所携资料是否齐全进行提示。

【政策依据】

1.《国家税务总局关于做好营业税改征增值税纳税服务工作的通知》(税总发〔2016〕43 号)

2.《国家税务总局关于进一步优化营改增纳税服务工作的通知》(税总发〔2016〕75 号)

3.《国家税务总局关于印发〈办税服务厅管理办法〉的通知》(税总发〔2017〕141 号)

【案例解说】

时间：2017 年 8 月 11 日。

地点：A 县税务局办税服务厅。

纳税人走进办税服务厅，向导税人员咨询关于小型微利企业所得税减半优惠政策。

纳税人：你好，我想问下现在小微企业达到什么才能享受到企业所得税减半优惠呢？

导税人员：您是工业还是其他企业？

纳税人：工业。

导税人员：工业企业，只有年应纳税所得额低于 30 万，从业人数不超过 100 人，资产总额不超过 3 000 万元才可以享受这个优惠。

纳税人：哦，好的，谢谢。

第二天，纳税人怒气冲冲走进大厅。

纳税人：我昨天在网上也查了，网上说的是年应纳税所得额 50 万以下就可享受减半，跟你昨天说的都不一样，你们税务局到底专不专业?!

导税人员：我们怎么不专业了，网上那些东西才不能信，有好多虚假信息。

纳税人：你自己不懂还怪网络，我很怀疑你们的服务态度和专业性。

导税人员：怀疑你就别问我，不听我的少缴税是要罚款的。

两人大声争吵起来，引起其他纳税人围观，并有纳税人用手机拍起视频。

大厅副主任迅速赶来将纳税人拉到会议室，安抚其情绪，询问其诉求。

纳税人：你们政策变了也没跟我们纳税人宣传一下，好多人都不知道。

大厅副主任：我们前不久还开展了包含减税政策的新办纳税人培训，您没参加吗？

纳税人：压根不知道，我那几天在外地还在关注你们的那个网络纳税人学堂，结果啥都没有。

大厅副主任：我们当时是由税管员负责通知的，新办企业必须参加，估计您没收到通知。我把当时上课的课件拷给您，您回去看下吧。

最终纳税人拿着宣传资料和课件回去了。

请指出该办税服务厅存在的主要问题。

【参考答案】

(1) 导税人员对最新税收政策不了解，回答纳税人咨询错误。

(2) 导税人员服务态度不符合文明礼仪服务要求。针对纳税人质问，不主动查询政策，反而与纳税人发生争执。

(3) 在办税服务厅发生人员冲突时，值班领导没有第一时间介入，而是大厅副主任在与纳税人沟通。

(4) 该县在举办新办纳税人培训时，没有本着纳税人自愿报名的原则，而是带有强制性质。

(5) 未在网络纳税人学堂上发布培训课件。

五、一次性告知

(1) 一次性告知制度，指办税服务厅在受理纳税人涉税事项时，对资料不齐全或不符合要求的，工作人员应一次性告知需补充的资料及内容；对不予办理的涉税事项要说明理由、依据等。

(2) 在处理涉税咨询过程中，承办人员应一次性告知纳税人咨询事项的依据、时限、程序以及办理所需的全部资料。

(3) 在受理办税事项时，对资料不齐全或者不完全符合法定条件的，承办人员应一次性告知其所办事项的办理依据、办理时限、办理程序和所需资料，或明确告知不予办理的理由、依据等；对申请材料可以当场更正错误的，应当允许纳税人当场更正；纳税人对补正的内容有疑义并要求予以说明、解释的，承办人应当作出准确的说明、解释。

(4) 承办人员对简单明了的事项可采取口头告知形式(行政许可事项除外)，因告知事项较多或内容复杂、纳税人难以理解，或纳税人要求以书面形式告知的，承办人员应当以书面形式告知。

(5) 实施办税事项“二维码”一次性告知服务，内容包含“全国统一事项”和“地方适用事项”，制作并在办税服务厅、门户网站等办税服务平台放置二维码图标。

【政策依据】

1.《国家税务总局关于做好营业税改征增值税纳税服务工作的通知》(税总发〔2016〕43 号)

2.《国家税务总局关于进一步优化营改增纳税服务工作的通知》(税总发〔2016〕75 号)

3.《国家税务总局关于印发〈办税服务厅管理办法〉的通知》(税总发〔2017〕141 号)

4.《国家税务总局关于做好"二维码"一次性告知工作的通知》(税总函〔2015〕678 号)

六、免填单服务

(1) 各地税务机关可在 24 种表证单书的基础上,结合本地实际进一步拓展免填单服务的内容和范围。

(2) 税务机关通过网上办税平台、移动办税平台等向纳税人推送二维码生成软件,纳税人通过软件,将相关填报信息提前生成二维码。前台工作人员通过扫描二维码实现数据及时、准确录入。

(3) 税务机关向纳税人提供办税表证单书填报辅助软件,纳税人仅填报相关基础信息,由辅助软件自动生成相关报表资料。

【政策依据】

1.《国家税务总局关于进一步做好税务系统窗口单位纳税服务工作的通知》(国税发〔2011〕95 号)

2.《国家税务总局关于推行办税无纸化免填单服务的通知》(税总发〔2016〕103 号)

3.《国家税务总局关于印发〈办税服务厅管理办法〉的通知》(税总发〔2017〕141 号)

七、延时服务

延时服务制度是指税务机关对已到下班时间正在办理涉税事宜或已在办税服务场所等候办理涉税事项的纳税人提供延时办税的服务制度。税务机关在落实延时服务制度时,应做好以下工作。

(一) 延时服务提示

临近下班时间,税务机关应根据办税服务场所纳税人等候情况,预测纳税人需要等候时间,并在纳税人等候或取号时,及时提醒纳税人预计办理时间,由纳税人自愿选择是否继续等候办理。

(二) 延时服务特例

延时服务中,对短时间内无法办结的涉税事项,税务机关可在征得纳税人同意后,留存纳税人涉税资料及联系方式,待业务办理完结后,通知纳税人领取办理结果。

(三) 延时服务权益

税务机关应建立延时服务登记台账,记录提供延时服务工作人员的工作时长。对提供延时服务累计超过一定时长的,应合理安排相关人员调休。调休时间应避开办税高峰期。

【政策依据】

1.《国家税务总局关于进一步做好税务系统窗口单位纳税服务工作的通知》(国税发〔2011〕95号)

2.《国家税务总局关于完善办税服务相关制度的通知》(税总发〔2016〕41号)

3.《国家税务总局关于做好营业税改征增值税纳税服务工作的通知》(税总发〔2016〕43号)

4.《国家税务总局关于印发〈办税服务厅管理办法〉的通知》(税总发〔2017〕141号)

八、限时服务

限时办结制度是指税务机关对纳税人发起的非即办事项,应在规定的时限内办结或答复的制度。税务机关在落实限时办结制度时,应做好以下工作:

(一) 公开办理时限

税务机关应通过税务网站,办税服务厅电子显示屏或者触摸屏、公告栏等渠道公开相关事项的办理时限。税务人员在受理非即办事项时,应告知纳税人办理时限。

(二) 延期办理情况

因客观原因,不能按期办结需要延期的事项,应当由受理部门分管领导批准后,在办理时限到期之前告知纳税人,并明确延期办理时限。

(三) 限时办理监控

税务机关应运用信息化手段,加强对非即办事项的管理和监控,对临近办理时限的涉税事项进行预警提醒。对无合理原因超时办结的事项,应明确延误环节和责任人,并进行责任追究。

【政策依据】

1.《国家税务总局关于进一步做好税务系统窗口单位纳税服务工作的通知》(国税发〔2011〕95号)

2.《国家税务总局关于完善办税服务相关制度的通知》(税总发〔2016〕41号)

3.《国家税务总局关于做好营业税改征增值税纳税服务工作的通知》(税总发

〔2016〕43号）

4.《国家税务总局关于印发〈办税服务厅管理办法〉的通知》（税总发〔2017〕141号）

九、提醒服务

提醒服务是税务机关通过一定途径，及时提醒纳税人在法定时限内履行纳税义务的一项服务措施。

（1）税务机关可主动提醒纳税人依法履行纳税义务，告知纳税人相关税收政策、办理程序或办理时限，促进纳税人遵从税法。

（2）提醒服务不是税务机关的法定义务，也不是纳税人履行纳税义务的前提条件。提醒服务应以明确征纳双方的法律责任为前提，具体事项由省税务机关确定。

【政策依据】

1.《国家税务总局关于进一步做好税务系统窗口单位纳税服务工作的通知》（国税发〔2011〕95号）

2.《国家税务总局关于完善办税服务相关制度的通知》（税总发〔2016〕41号）

3.《国家税务总局关于做好营业税改征增值税纳税服务工作的通知》（税总发〔2016〕43号）

4.《国家税务总局关于印发〈办税服务厅管理办法〉的通知》（税总发〔2017〕141号）

十、预约服务

预约服务制度是指税务机关与纳税人约定在适当的工作时间办理涉税事项的制度。预约服务内容包括涉税事项办理、税收政策咨询以及省税务机关确定的其他事项。预约服务可以由纳税人发起，也可以由税务机关发起，服务时间由双方协商约定。税务机关在落实预约服务制度时，应做好以下工作。

（一）拓宽预约服务渠道

税务机关应完善办税服务厅、官方网站、12366纳税服务热线以及移动办税平台的预约功能，为纳税人提供线上、线下多元化的预约服务渠道，方便纳税人预约。

（二）推行错峰预约服务

错峰预约服务是指由税务机关发起，错峰为纳税人办理涉税事项的预约服务。税务机关可以根据申报期办税业务量峰值高低、办税事项集中度等情况向纳税人提出错峰预约。税务机关不得强制要求纳税人接受错峰预约。纳税人接受错峰预约办税时，税务机关应安排绿色通道快速为纳税人办理涉税事宜。

（三）预约服务变更

对已受理的预约事项，税务机关不得单方面解除。因特殊情况确需解除预约的，税务机关应当与纳税人协商并重新安排预约时间。对超过预约时间而未到场的，视为纳税人主动放弃预约服务。

【政策依据】

1.《国家税务总局关于进一步做好税务系统窗口单位纳税服务工作的通知》(国税发〔2011〕95号)

2.《国家税务总局关于完善办税服务相关制度的通知》(税总发〔2016〕41号)

3.《国家税务总局关于做好营业税改征增值税纳税服务工作的通知》(税总发〔2016〕43号)

4.《国家税务总局关于印发〈办税服务厅管理办法〉的通知》(税总发〔2017〕141号)

十一、同城通办

通办服务是指税务机关通过办税服务厅、自助办税终端等渠道为纳税人提供不受主管税务机关区域限制的办税服务，包括同城通办、省内通办和全国通办。

(1) 纳税人在通办区域内的办税服务厅办理通办业务时，工作人员不得以非本辖区管理为由拒绝办理。

(2) 纳税人在公告授权的任一办税服务厅提出通办业务办理申请，办税服务厅对符合办理条件的即办类办税事项应即时办结。

(3) 通办业务范围、办理省内通办、同城通办业务和全国通办的办税服务厅名称、地址及联系电话应对外公开，便于纳税人自主选择。

(4) 通办事项受理，加盖受理税务机关印章。

(5) 纳税人申请涉税事项“通办服务”时，信息系统提示存在异常信息或违章未处理完毕的，须到主管税务机关处理完毕后才可“同城通办”。

(6) 各地税务机关可结合本地实际进一步拓展通办服务的内容和范围；借助网上办税服务厅、手机APP、微信平台等技术手段将区域内办税服务厅纳税人等候情况进行动态反映，科学分流。

【政策依据】

1.《国家税务总局关于加快推行办税事项同城通办的通知》(税总发〔2016〕46号)

2.《国家税务总局关于开展办税事项省内通办工作的通知》(税总发〔2016〕104号)

3.《国家税务总局关于跨省经营企业涉税事项全国通办的通知》(税总发〔2017〕102号)

十二、24小时自助服务

24小时自助办税服务是指税务机关通过网上办税平台、移动办税平台、12366纳税服务热线、自助办税终端等渠道向纳税人提供包括涉税事项办理、举报投诉、在线咨询、办税预约、信息查询等24小时自助办理涉税事项的服务。

(1) 通过“人工+自助语音”提供24小时热线服务。

(2) 通过自助办税终端可实现发票代开、申报缴税、完税证明打印、涉税信息查询等服务,并做好日常维护,确保自助办税终端24小时提供服务。

(3) 自助办税终端可部署在税务机关24小时自助办税厅(点),也可配置在银行、邮政等单位的24小时自助服务区。

【政策依据】

1.《国家税务总局关于进一步做好税务系统窗口单位纳税服务工作的通知》(国税发〔2011〕95号)

2.《国家税务总局关于完善办税服务相关制度的通知》(税总发〔2016〕41号)

3.《国家税务总局关于做好营业税改征增值税纳税服务工作的通知》(税总发〔2016〕43号)

4.《国家税务总局关于印发〈办税服务厅管理办法〉的通知》(税总发〔2017〕141号)

十三、个性化服务

个性化服务是根据纳税人的合理需求,结合纳税人的实际情况及相应的税收政策规定,有针对性地为纳税人释疑解惑,解决办税难题的服务措施。

(1) 建立纳税服务联系人制度。在申报期后的相对空闲的工作时间内,选择部分业务骨干担任纳税服务联系人,负责与定点纳税人沟通联系纳税服务相关事项,及时为纳税人提供最新税收政策,倾听纳税人的诉求,为纳税人开展涉税风险排查,帮助纳税人解决涉税疑难问题。

(2) 开展纳税服务专家团志愿活动。组建由业务专家为成员的纳税服务专家团,根据纳税人的诉求,有针对性地开展纳税服务志愿活动,帮助纳税人解决涉税疑难问题。

(3) 举办专题涉税讲座。根据纳税人的诉求,请进来与走出去相结合,针对某一纳税人或某一纳税人群体举办专题涉税讲座,为纳税人释疑解惑。

(4) 开辟“绿色通道”服务。对纳税信用等级为A级的纳税人、重点税源纳税人、行动不便人士以及其他应给予照顾的纳税人等开辟“绿色通道”,设立专门窗口或提供接待室,优先或有针对性为该部分纳税人办理涉税事项。

(5) 实施援助服务。在明确征纳双方法律责任和义务的前提下,对老年人员、残疾人员、下岗人员、遭受重大自然灾害的纳税人等特殊群体根据其需求,有针对性地提供税收援助服务,到纳税人生产、经营场所进行办税辅导或为其办理有关涉税事项。

第四节 应急处置

一、基本规定

(1) 突发事件应急处置应坚持以人为本、预防为主、果断处置的原则。

(2) 办税服务厅突发事件发生后,应按照税务系统舆情管理相关要求和程序,依法依规做好信息发布。未经许可,任何个人不得擅自发布事件相关信息。

二、分类处理

(一) 排队拥堵处置

(1) 办税服务厅发生排队拥堵时,应及时做好现场秩序的维护和拥堵原因识别。发生严重拥堵时,应及时报告办税服务厅应急工作领导小组,启动应急预案。

(2) 积极疏导纳税人,或引导纳税人选择网上办税、自助办税、同城通办、错峰预约等方式办理涉税事项。

(3) 办税服务厅出现拥堵时,结合造成拥堵的原因,通过增加导税人员、调整窗口功能、增设办税窗口、增辟等候休息区等方式,引导或分流纳税人,并做好解释工作,防止出现秩序混乱的情况。

【案例解说】

2017 年 7 月 10 日上午,某区国税局办税服务厅排队的人流量较多,最短的等候时间已超过半小时以上。值班主任立即向分局领导报告,分局决定立即增开了 2 个窗口,分局领导也亲临办税服务厅协调,增派工作人员到办税服务厅进行导税和维持秩序。但半小时后,办税服务厅的排队现象不但没有丝毫减轻的迹象,而且前来办税的人越来越多,人们的情绪开始躁动,指责声此起彼伏。值班人员判断后面来的纳税人排队时间将会超过 90 分钟以上,也就是说有相当一部分纳税人到中午都办不完纳税事宜,而且由于 7 月份属于“三报叠加”时期预计下午来办税的纳税人不会减少。

根据以上情况,请问应如何处理?

【参考答案】

(1) 应立即启动应急预案。

(2) 全面开放窗口、启动临时办税服务大厅、增加人手措施。

(3) 向纳税人做好宣传解释工作,避免出现过激言语和行为出现。

(4) 从其他部门抽调人员前来支援,分别负责办理业务、导税、维护秩序,并启动临时办税服务厅增设临时窗口，所有窗口实行双人上岗，其中一人负责提前处理纳税人的一般填表事务和资料审核，中午不休息，轮番上岗。

(5) 监控舆情避免负面报道出现。

(二) 系统故障处置

(1) 由于计算机软件、硬件、电力或网络系统等升级或突发故障等原因导致涉税业务不能正常办理时，办税服务厅负责人应第一时间上报办税服务厅应急工作领导小组，启动应急预案。

(2) 办税服务厅应配合有关技术部门尽快解决，并做好现场秩序维护和纳税人的解释疏导工作。

(3) 应提醒纳税人及时关注相关通知，待系统恢复后再进行涉税事项的办理。

(4) 办税服务厅出现系统故障时，对在短时间内不能解决故障的，办税服务厅可先行收取纳税人资料，办结后主动通知纳税人前来办理后续事项，或发放二次优先卡，待故障修复后及时为纳税人办理相关事项。如遇申报期最后一天等特殊情况，可提供延时服务为纳税人办结相关事项，避免给纳税人带来损失。

应对措施：

(1) 办税拥堵处理：一是值班领导应及时协调做好现场秩序的维护和拥堵原因识别。二是通过增加导税人员、调整窗口功能、增设办税窗口、增辟等候休息区等方式，引导或分流办税人员，防止出现秩序混乱的情况。

(2) 系统故障处理：一是由办税服务厅负责人应第一时间上报突发事件应急领导小组，并启动应急预案。二是配合有关部门尽快解决并做好现场秩序维护和办税人员的解释疏导工作。三是利用显示屏、公告栏、电话、短信、微信等方式提醒纳税人合理安排办税时间。四是对短时间内不能解决故障的，通过手工处理或发放二次优先卡、提供延时服务等方式，待故障修后及时为纳税人办理相关事宜。

(3) 值班领导临时有事外出，应协调联系其他领导人值班。

【案例解说】

2017年8月15日上午10:00，某小规模纳税人办税人员小王到某市中心城区税务局办税服务厅窗口领取网上申请代开的增值税专用发票，由于正值纳税申报最后一天，办税服务厅纳税人排号量达300多号，办税服务厅25个窗口只有15个窗口有工作人员，其他窗口都只开了电脑却没有工作人员，办税服务厅显得拥堵严重，很多纳税人没有地方坐，围在窗口或是三五成群地讲话，咨询台前也围满纳税人，小王进厅取号等待办税，等待近一个小时后，窗口办税系统突然死机，所有窗口均无法办理业务，有的窗口人员随即通知停办各项业务，有的窗口人员耐心向纳税人进行解释，等候多时的小王怒气冲冲地找到值班的办税服务厅主任，其他的纳税人也都围了上来，要求办理涉税事项，办税服务厅主任小李湮没在人海中无法进行相应处理，场面一度出现失控状态，过了半小时，因临时有事外出的值班领导张局长才接到报告赶回来，启动应急处理。

请根据上述材料，指出该办税服务厅在日常管理中存在哪些不足？你认为应如何应对？

【参考答案】

办税服务厅管理中存在以下不足：

(1) 办税服务厅申报期最后一天出现拥堵严重现象，未及时采取应对措施。

(2) 系统出现突发故障，未及时启动相应的应急预案，办税服务厅负责人处置失当。

(3) 值班领导临时有事，未采取措施，出现领导值脱岗的情况，导致应急处理不及时。

(三) 现场冲突处置

(1) 办税服务厅发生人员冲突时，值班领导和办税服务厅负责人应第一时间介入，引导相关人员到安静场所进行沟通。

(2) 认真倾听，安抚当事人的情绪，并对相关人员的抱怨或投诉妥善进行处理，避免冲突升级。

(3) 引导其他纳税人不围观、不喧哗，避免事态扩大。

(四) 群体性事件处置

(1) 办税服务厅发生群体性事件时，办税服务厅负责人应立即报告办税服务厅应急工作领导小组，启动应急预案，并积极与当事人沟通，避免矛盾进一步升级；必要时及时向当地公安机关报警，并配合公安部门做好现场处置。

(2) 工作人员应尽快组织办税服务厅内其他纳税人撤离事件现场、保护自身安全，安排人员保护重要岗位和重要资料。

(五) 其他突发事件处置

(1) 当地震发生时，办税服务厅负责人应按照《国家突发公共事件总体应急预案》和《国家地震应急预案》相关要求，启动应急预案，指挥办税服务厅内人员紧急疏散、有序撤离、检查伤情、稳定情绪，及时向办税服务厅应急工作领导小组负责人报告。

(2) 当洪涝灾害发生时，办税服务厅负责人应按照《国家突发公共事件总体应急预案》相关要求，启动应急预案，要迅速组织办税服务厅内人员安全转移，在有安全保障的前提下切断电源，及时向办税服务厅应急工作领导小组负责人报告。

(3) 当火灾发生时，办税服务厅负责人应及时发出火灾信息并立即向消防部门报警，同时向办税服务厅应急工作领导小组负责人报告，启动应急预案。火灾初起，办税服务厅负责人在有安全保障的前提下切断电源，组织人员使用消防器材灭火，抢救重要涉税资料，迅速引导办税服务厅内人员有序撤离、逃生。

(4) 因其他突发事件导致的办税业务中断，在通讯畅通的前提下，税务机关应及时将办税服务厅停止办理业务的信息，通过网站、短信、微信等方式及时告知纳税人，避免纳税人不必要的担心和焦虑。

【案例解说】

7月15日，是当月纳税申报期的最后一天，A市办税服务厅正是工作高峰期。下午骤降特大暴雨，两个小时不到的时间，A市办税服务厅大门已经积水20 cm深。下午4:25，A市办税服务厅突然停电，厅内一片漆黑；此时，两台正在进行业务操作的电脑断电关机，其中一台电脑正通过防伪税控系统向税控盘写入新领购的增值税专用发票信息，另一台电脑正通过金税三期核心征管系统申报模块接收一般纳税人申报表信息，票表比对成功后，操作人员点击保存的同时断电关机。购票的办税会计情绪十分激动：“买个发票买一半停电了怎么搞？这发票快点给我，我要回单位了。”办理纳税申报的会计情绪更加激动：“税务局怎么搞的，来报税还停电，下这么大的雨，你赶快给我办好！你们局长在几楼？再不办好我就找你们局长去！”

根据以上情况，请问应如何处理？

【参考答案】

(1) 第一时间向本级应急领导小组报告突发事件。

(2) 采取点蜡烛、电瓶灯等方式迅速恢复办税窗口照明，安排人员安抚会计情绪。

(3) 迅速联系技术保障部门，报告停电事项，请查明停电原因及恢复时间。如反馈停电恢复时间较长，有必要的需及时向上一级税务机关汇报。

(4) 对现场购买发票的纳税人，可登记纳税人的联系方式，待业务处理恢复正常后及时通知纳税人。

(5) 对现场办理纳税申报的纳税人，纳税人提交资料齐全且自愿留存资料的，应收取资料，妥善保管，做好登记，视同已受理，待业务处理恢复正常后及时办理并通知纳税人。

(6) 因突发事件导致纳税人在规定期限内无法办理申报业务和税款缴纳业务的，由A市办税服务厅出具情况说明，不予加收滞纳金和罚款。

(7) 如暴雨不减，办税服务厅有被水淹的可能性，按照重大事项报告制度及时报警并向应急领导小组负责人报告；及时转移人员、物资、设备、发票等。

(8) 对停电时正在办理业务的纳税人，电力恢复后，在系统中查询业务是否已经办结，是否出现防伪税控系统与金三系统中信息不一致，及时纠正。

(9) 及时通过12366短信平台、QQ群、网站等手段发布办税服务厅因停电暂停办理业务的通知，并明确告知预计恢复时间。

(10) 如停电恢复时间较长，安排本市其他办税服务厅接收纳税人办理业务。(同城通办)

(11) 对该突发事件处理完毕后应当做好总结，书面向上级报告，报告内容包括突发事件发生的时间、地点、起因、影响范围以及应急措施等。

【政策依据】

1.《国家税务总局关于解决办税服务厅排队拥挤问题的意见》(国税发〔2005〕161号)

2.《国家税务总局关于印发〈办税服务厅突发事件应急管理办法〉的通知》(国税发〔2012〕106号)

3.《国家税务总局关于印发〈办税服务厅管理办法〉的通知》(税总发〔2017〕141号)

第二章

12366相关知识

第一节　12366定位、职责及人员配置

一、12366主要工作职责

（1）负责本地区12366纳税服务渠道的日常运行与管理。

（2）负责评测、考核12366工作质量，撰写12366运行与服务质量分析报告。

（3）负责本地区税收业务知识库日常运行维护。

（4）负责组织人员培训、培养。

（5）组织业务专家实施对12366服务的支持工作。

（6）负责纳税人需求调查和分析。

（7）接受纳税服务投诉，承担投诉工单的转办、督办。

（8）接受对税务人及纳税人举报，按要求转相关部门处理。

（9）承担税务总局及相关部门、省级税务机关交办的其他工作等。

二、12366升级目标、功能及定位

全国12366纳税服务升级以“国内领先，国际一流”为目标，以国家级中心和省级中心两级支撑为基础，优化“纳税人需求、税收知识库、专业化团队”三类管理，推出“网站建设、热线系统升级、移动互联应用、国家级中心建设”四项举措，围绕“涉税咨询的重要平台、宣传政策的重要阵地、办税服务的重要载体、锻炼干部的重要基地、展示形象的重要窗口”五个定位，建成集纳税咨询、税法宣传、办税服务、投诉受理、需求管理、纳税人满意度调查六项功能于一体的综合性、品牌化纳税服务平台，将12366由“听得见的纳税服务”提升为“能问、能查、能看、能听、能约、能办”的“六能”型综合办税服务平台。

三、新时期“12366”的涵义

新时期“12366”的涵义，即：1号接入（国税、地税业务通用12366一个号码），2级保

障(国家和省级两级中心),3 线互通(热线、网线、无线),6 能平台(能问、能查、能看、能听、能约、能办),6 心服务(用心倾听、耐心解答,诚心交流、真心互动,精心分析、贴心推送)。

四、12366 管理模式及人员配置标准

对 12366 实行省级集中管理模式。分三类确定人员编制:一类为纳税人年咨询业务量高于 50 万次的省市,编制定为 8 人以上;二类为纳税人年咨询业务量在 20 万次至 50 万次之间的省市,编制定为 6~8 人;三类为纳税人年咨询业务量低于 20 万次的省市,编制定为 3~6 人。

坐席人员数量原则上按照每人日均处理 60 个业务量(含电话、网络等咨询方式)的工作强度配置,其配置方式可以采用以下三种模式:

模式一:坐席人员全部为税务机关行政编制公务员。坐席人员从基层税务机关选调,人事关系仍留在原单位,选调对象为具备 1 年以上基层税务工作经历、业务素质较高、有培养发展前途的税务干部。实行岗位轮换制,坐席人员在岗工作时间一般为 3 年,除工作特别需要外,最长在岗时间不超过 5 年,每年轮换三分之一,以保证个人和团队的最佳工作状态。

模式二:坐席人员全部为通过劳务派遣公司聘用人员。聘用人员应具有经济类专业本科以上学历,签订劳务合同至少为 3 年。

模式三:坐席人员既有行政编制公务员,也有通过劳务派遣公司聘用人员。此模式的配置方式、人员条件、工作期限分别参照"模式一"和"模式二"。

第二节　12366 纳税服务热线岗位培训

一、岗前培训

岗前培训是指对 12366 热线新进咨询员在入职上岗前开展的培训。该培训旨在帮助新进咨询员熟悉组织文化、明确岗位职责、掌握基本业务知识和服务技能,达到初步的上线要求。

(一) 培训内容

(1) 12366 热线的管理理念、管理文化、管理办法及相关规章制度。

(2) 税收业务及相关知识。学习税收政策、税收征管及与此相关的会计、海关、社保、进出口等相关知识。

(3) 系统操作和工作流程。熟悉并掌握 12366 热线的工作流程、税收业务系统和知识库系统的操作。

（4）服务礼仪和沟通技巧。学习并熟练运用 12366 热线工作所要求的规范用语，掌握服务礼仪、沟通技巧等服务技能。

（5）心理调适。心理辅导的培训，初步了解和掌握调节工作情绪的基本方法，掌握心理释压能力。

（6）其他需要培训的内容。

（二）培训方式

（1）授课式。以集中授课为主，分散自学为辅，采取讲授、录音教学、案例分析等方式。

（2）角色扮演。通过情景模拟，让新进咨询员分别扮演来电人和咨询员等角色，体验角色感受，对新进咨询员行为表现进行评定和反馈，以此来帮助其发展和提高行为技能。

（3）资深带教。指定资深咨询员为带教老师，采取“传、帮、带”的方式，指导帮助新进咨询员上线。当资深咨询员接听实时来电时，安排新进咨询员同步跟听，通话结束后针对问题进行分析、讲评，加深认知。当新进咨询员接听来电时，资深咨询员同步跟听，及时纠正错误，进行指导，必要时还可以直接与来电人对话。

（4）其他方式。

（三）培训时间

新进咨询员入职培训以 2～3 个月为宜，对有从事税收工作相关经验的新进咨询员可作适当调整。

二、在岗培训

在岗培训是指对 12366 热线咨询员在职期间开展的针对服务技能、业务知识等方面的培训。该培训旨在帮助 12366 热线咨询员持续提升服务能力，进一步认同组织文化和目标，增强团队意识和凝聚力，以不断满足来电人的需求、提升来电人的满意度。

（一）培训类型

（1）专题培训。专题培训内容包括：税收政策调整和重大事项变化，新发布的规范性文件及相关问答，以及涉及面广、影响大的业务事项等。

（2）日常培训。在班前、班后会中，或专门的培训时间里讲解新增或更新的知识库内容，咨询中的新点、热点、难点问题，质量监控及工单中发现的问题，或最新的政策、工作动态和要求。日常培训包括业务能力和服务能力的培训提升。

（3）外派实习。分派咨询员到业务处室、分局，或其他单位实习，熟悉税收征管的实务工作，加深对政策的理解和把握。

（4）其他 12366 热线需要的培训。

（二）培训时长

平均每人每月在职培训不少于 10 小时。

第三节　12366 纳税服务热线日常用语规范

日常用语规范是指通过制定统一的服务标准，规定服务中使用的通用标准用语，明确特定情境下 12366 热线咨询员的应答处理方式及参考用语，实现 12366 热线服务标准化、规范化，提升热线整体工作质效。

12366 热线咨询员向纳税人提供服务时，要以“相互尊重、热情周到、真诚服务、有礼有节”为原则，按照服务规范要求，切实加强文明服务礼仪，规范文明用语，杜绝服务忌语，严禁与纳税人产生争执。提供人工语音服务应使用普通话，语音标准、表达清楚、准确肯定；提供网络咨询服务应统一回复格式，内容合规、表述严谨、有理有据。

一、通用标准用语

通用标准用语是在服务过程中使用的统一的规范用语。一般情况下全国 12366 热线咨询员使用的通用标准用语应保持一致。如使用地方方言，可不使用通用标准用语，但应注意语音的规范性。

(一) 称呼用语

(1) 纳税人为男性时，称为“先生”。

(2) 纳税人为女性时，称为“女士”。

(3) 称呼纳税人一律用“您(或××先生/女士)”。

(4) 12366 热线咨询员称为“××号咨询员”。

(二) 人工语音服务通用标准用语

(1) 问候语：“您好，很高兴为您服务”。

(2) 当需要人工报工号时问候语：“您好，××号咨询员为您服务”。

(3) 需要查询时：“这个问题我需要查询(核实)一下，请稍等”。

(4) 查询结束后：“您好，感谢您的等待/让您久等了”。

(5) 收集纳税人信息：“先生/女士，请问您怎么称呼(贵姓)?”。

(6) 邀请纳税人作出满意度评价：“请您稍后对本次服务作出评价，感谢来电，再见”。

(7) 结束语：“感谢来电，再见”。

(8) 外呼：“您好，这里是××12366 纳税服务热线，我是××号咨询员”。

(三) 网络实时咨询通用标准用语

(1) 欢迎语：“您好，很高兴为您服务!”(在咨询页面应显示免责条款和咨询员工号)

(2) 咨询人数较多，咨询员无法在 30 秒内及时答复纳税人问题时：“您好，目前咨询人数较多，请稍等。”“您好，目前咨询人员较多，您可以留下电话号码，我们会及时与您联系!”

(3) 需要查询资料后进行作答:“这个问题我需要查询(核实)一下,请您稍等”。

(4) 结束等待:“您好,感谢您的等待/让您久等了”。

(5) 邀请纳税人作出满意度评价:“请对我的服务作出评价”。

(6) 结束语:“感谢咨询,再见!”。

(四) 网络留言咨询通用标准用语

(1) 答复纳税人问题及引用文件:

“您好! 您提交的问题已收悉,现针对您所提供的信息回复如下:

×××,

根据《×××》(×××号)第×××条的规定,×××。

因此,×××。

感谢您的咨询! 上述回复仅供参考,若您对此仍有疑问,请联系 12366 纳税服务热线或主管税务机关。”

(2) 已通过电话方式回复纳税人:“感谢您的咨询! 您的问题我们已通过电话形式答复,若您对此仍有疑问,请联系 12366 纳税服务热线或主管税务机关。”

二、服务忌语

(1) 禁用“喂”,在服务过程中如需要确认(或提示)纳税人是否在线时,一律用“您好(或××先生/女士)”。

(2) 禁用口头语,如“拜拜、OK”等。

(3) 禁用不规范或不常用的缩略语。例如:“您不在了吗?”。

(4) 禁用与纳税人抢话的语言。例如:“您听我说完了行吗,让我先说,您等会儿再说”等。

(5) 禁用指责纳税人过失的语言。例如:“您声音太小,大声点”“您别说那么快行吗”“刚才不是告诉您了吗,您怎么还不清楚”“不是您说的那么回事”“这是您操作的问题”“请您快点说,我们这儿忙着呢”等。

(6) 禁用质问的语言。例如:“您到底要问什么,您说清楚一点,您再说一遍不行呀”。

(7) 禁用推卸责任的语言。例如:“我帮不了/管不了,您去找某某部门”“我也不知道”“我不清楚”“这个我怎么知道”“这不是我的责任”等。

三、特定情境的基本用语原则和参考用语

(一) 人工语音服务

(1) 接通电话后听不到对方声音时:提示三次后仍无应答,可挂机。

参考用语:“您好,这里是××12366 纳税服务热线,电话已接通,请讲。”(重复两次)

“很抱歉，我听不到您的声音，请挂机后重新拨打，感谢来电，再见。”

(2) 当纳税人声音太小时：可请求纳税人提高音量，咨询员的语气要保持轻柔委婉，确实无法听清纳税人声音的，可在说明情况（提示三次）之后挂机。

参考用语：“对不起，我听不清您的声音，请声音大一些好吗？”（重复两次）“很抱歉，我听不清您的声音，请挂机后重新拨打，感谢来电，再见。”

(3) 当纳税人使用当地方言，但咨询员无法使用该方言与纳税人交流时：提醒纳税人讲普通话。

参考用语：“对不起，您可以讲普通话吗？”

(4) 当咨询员需要查询资料后再进行作答时，应使用等待用语：在查询之前应告知纳税人需要等待并切入等待音乐。当等待时间超过90秒时，可再次征询纳税人意见，选择继续等待或者咨询员回呼答复。

参考用语：“这个问题我还需要再查询（核实）一下，时间可能比较久，请稍等，好吗？”

(5) 当查询后暂无答案，无法即时回复时：告知纳税人无法即时回复，需进一步核实后回拨，确认纳税人姓名及联系方式（固定电话还需核对是否有分机号）。

参考用语：“您的问题我需要详细查询（进一步核实），我会尽快与您联系（给您反馈），您看可以吗？”“请问您怎么称呼？方便告知您的联系方式吗？”

(6) 需要转接远程坐席时：向纳税人说明情况，需要进行转接，并征询纳税人意见。

参考用语：“××先生/女士，您咨询的问题需转接××（地区名称）地区咨询员，现在帮您转接过去可以吗？”

(7) 转接占线时：告知情况，若纳税人愿意等待，可帮助继续转接，或者记录纳税人姓名及联系方式（固定电话还需核对是否有分机号），让转接咨询员稍后回拨。

参考用语：“您好，××咨询员正在通话中，如您愿意等待，我可以帮您继续转接。或者我先记录您的联系方式，让他（她）稍后给您回电，可以吗？”

(8) 当纳税人因事需要离开电话，要求咨询员在线等待时：一般情况之下咨询员可以婉言拒绝，如果纳税人需要去做的事和正在进行的电话沟通内容有密切联系，且很快就能完成，咨询员一般应该在线等待。

参考用语：“××先生/女士，方便留下联系方式吗？稍后给您回电。”（记录纳税人姓名和电话，固定电话还需核对是否有分机号）

(9) 当纳税人情绪不稳定或比较激动时：按照“先处理情绪，再处理事情”的原则，以安抚的方式做好他（她）的思想工作，并按政策原则做好解释工作，也可建议性地为其指点方向。如果纳税人情绪仍难以控制，咨询员应将此情况逐级报告处理。

参考用语：“先生/女士，我理解这件事让您非常着急/气愤……（等待对方情绪逐渐冷静下来后）您可以把需要咨询的问题和我讲一下吗？我会尽力为您解答。”

(10) 当遇到纳税人骚扰或用一些粗暴、污秽的语言对咨询员进行谩骂和人身攻击时:请纳税人使用文明用语,若仍无改善,重复提醒两次后可挂机。

参考用语:“先生/女士,请使用文明用语,谢谢。”(重复两次)“如没有其他涉税问题,请挂机,再见!”(如对方还未挂机,可在讲完此用语后挂机)并将情况告知上级。

(11) 当纳税人反映咨询员回复口径不一致时:详细记录纳税人需要咨询的问题,核实相关情况,及时告知正确的答案,同时将该问题逐级报告处理,在知识库中记录并明确答复口径。

参考用语:“先生/女士,您所反映的情况我需要进一步了解,您可以先详细说一下吗? 核实之后尽快给您答复”。

(12) 当纳税人反映系统相关单位征管操作或对政策理解不一致时:详细了解和记录相关情况,核实之后再进行回复。同时,将此情况逐级报告处理。

参考用语:“先生/女士,非常抱歉给您造成不便。您能将情况详细跟我说一下吗?”了解情况之后:“您反映的情况我已经记录下来,会向相关部门反映,核实之后尽快给您回复。”

(13) 当纳税人询问尚未有明确依据的问题时:咨询员对尚未明确的政策,不可自作主张地解答,也不能敷衍了事。应确认纳税人的问题之后,向纳税人说明情况。

参考用语:“先生/女士,您咨询的问题是?(将纳税人问题概要复述一遍,得到确定后),很抱歉,由于相关的政策还未明确,您咨询的问题我暂时不能给您一个确切的答复,如果出台新政策,我们将及时通过税务网站、办税服务厅等公开渠道进行公告,请您关注。”

(14) 当纳税人要求提供书面承诺时:禁止为纳税人作出超范围的承诺。

参考用语:“我们会尽力帮您解决问题,并尽快将情况反馈给您,请您谅解。”

(15) 当纳税人询问咨询员个人姓名或联系方式时:可告知咨询员的工号。

参考用语:“我的工号是××号,您下次拨打时只需要报这个工号就可以找到我。”

(16) 当来电业务超出受理范围时:说明12366热线的服务范围,建议纳税人咨询其他相关部门。

参考用语:“非常抱歉,我们目前提供……服务,……问题建议您直接咨询××部门。”

(17) 当纳税人提出意见建议时:感谢纳税人的建议。

参考用语:“非常感谢您的建议(感谢您对我们工作的支持)。”

(18) 接到投诉举报类电话时:根据当地具体流程中规定的答复口径进行回复。如有专席负责受理,征询纳税人意见后进行转接。

参考用语:“先生/女士,对于投诉举报事项我们有专人负责受理,我现在帮您转接过去好吗?”

(19) 当纳税人在办理时限到期之前咨询办理进度时:根据具体流程中规定的答复时限口径进行回复。

参考用语:“××事项的办理时限是×日,我们会尽快向您反馈。”

(20) 当咨询员在通话结束前与纳税人确认通话效果时:可与纳税人核实该问题是否解释清楚或者有无其他问题。

参考用语:“这个问题我解释清楚了吗?”“您还有其他问题吗?”

(21) 当提供现场咨询服务时:咨询员应主动打招呼并使用问候语,结束时应使用结束语。

参考用语:“您好,请问有什么可以帮您?”“感谢咨询,再见!”

(二) 网络咨询服务

(1) 网络实时咨询发起对话后,对方无应答:提示三次后仍无应答,可结束对话。

参考用语:“您好,请问有什么可以帮您?”(重复两次)、“很抱歉,由于您长时间未应答,我们将结束此次对话。有涉税方面问题欢迎再次咨询或直接拨打12366纳税服务热线,感谢咨询,再见!”

(2) 网络实时咨询无法即时回复:告知纳税人需进一步核实,无法即时回复,确认纳税人姓名及联系方式(固定电话还需核对是否有分机号)。

参考用语:“您的问题我需要详细查询(进一步核实),请留下姓名和联系方式,我会尽快与您联系(给您反馈),您看可以吗?”或者“您的问题较为复杂,需请示相关业务部门,请留下姓名和联系方式,稍后给您回电。”

(3) 当留言咨询问题较为复杂时:应事先向纳税人说明情况。

参考用语:“抱歉,由于您的问题较为复杂,处理时间较长,我们将在×个工作日之内给您回复,请耐心等待。给您造成的不便敬请谅解,谢谢。”

(4) 外呼回复无法联系到纳税人时:应在网上向纳税人说明情况,建议拨打12366热线进行咨询。

参考用语:“您好!我们的咨询员已多次拨打您的电话,仍无法与您取得联系,建议您拨打12366纳税服务热线。”

(5) 纳税人质疑12366热线没有回应或解答错误时:详细了解相关情况,核实之后再进行回复。

参考用语:“您好!为进一步核实您反映的情况,请您留下姓名和联系方式,我们的咨询员将及时与您取得联系!如您不便提供联系方式,欢迎您直接拨打12366纳税服务热线。”

(6) 在受理范围内的投诉举报,需与纳税人进一步核实详细情况时:向纳税人说明情况,确认纳税人姓名及联系方式。

参考用语:“您好!为进一步核实您反映的情况,请您留下姓名和联系方式,我们的咨询员将及时与您取得联系!如您不便提供联系方式,欢迎您直接拨打12366纳税服务热线。”

(7) 受理投诉举报案件结束后:向纳税人表示感谢。

参考用语:“感谢您对我们工作的理解和支持。”

(8) 纳税人提出意见建议后:感谢纳税人的建议。

参考用语:“感谢您提出的宝贵意见(感谢您对我们工作的支持)。”

(9) 当纳税人咨询的业务超出12366热线受理范围时:说明12366热线的服务范围,建议纳税人咨询其他相关部门。

参考用语:“非常抱歉,我们目前提供……服务,……问题建议您直接咨询××部门。”

【案例解说】

下面是热线咨询服务人员在咨询服务过程中的部分通话,请判断该咨询人员的解答是否符合规范服务、表达清楚、准确肯定、内容合规、表述严谨、有理有据的要求,如不符合要求的请改正。

例:“您不在了吗?”

错误(表达不符合规范)。您好?请问您听得到我的声音吗?

1. 你想要我给你一个什么样的答复?

【参考答案】 错误。您好,请问我刚才的解释你还有什么地方不清楚?您还需要了解什么?

2. 不听我的,你还打电话来咨询?

【参考答案】 错误。您好,能告诉您不接受我建议的理由吗?

3. 您声音太小,大声点。

【参考答案】 错误。对不起,我听不清您的声音,请大声一些好吗?

4. 它属于是在纳税申报上的就是虚假申报的一个行为。

【参考答案】 错误。它属于虚假的纳税申报行为。或它属于纳税申报上的一个虚假行为。

5. 您在办理税务登记信息补录的时候,根据主管税务机关的要求可能会提交资料来证明。

【参考答案】 错误。您在办理税务登记信息补录的时候,主管税务机关会根据要求请您提交相关资料来证明。

6. 你先告诉我你在什么地方,我再把最近的办税服务厅地址告诉你。

【参考答案】 错误。请您先告诉我您所在的位置,我好查询您附近的办税服务厅情况并告知您。

7. 刚才我找了并没有这个相关针对于您这个这么明细的这种情况做出的文件规定。

【参考答案】 错误。对不起,经查询,文件中没有对您描述的明细情况做出具体规定。

8. 知识库对您咨询的问题就是这样明确的,如果您不清楚,请问税收管理员。

【参考答案】 错误。我再说一遍……,请问我的解释您是否明白?

9. 我帮不了你，您去找某某部门。

【参考答案】 错误。您反映的问题不属于12366热线的业务受理范围，建议您咨询某某部门。

10. 我让工作人员稍后直接给您回复，请等一下，我看他在不在，好给您转接。

【参考答案】 错误。您咨询的问题需转接，现在帮您转接过去可以吗？转接占线，××咨询员正在通话中，如您愿意等待，我可以帮您继续转接。或者我先记录您的联系方式，让他(她)稍后给您回电，可以吗？

第四节　12366业务操作规范

一、12366作业标准

电话咨询是指12366热线通过语音方式受理纳税人来电，为纳税人提供纳税咨询服务。

(一) 受理

(1) 接听来电。咨询员受理纳税人来电时，应在系统提示来电5秒内或响铃3声内接听电话。电话接通后，应告知咨询员工号(推荐使用系统自动播报咨询员工号)并使用问候语。

(2) 受理判断。咨询员应耐心听取纳税人的提问，判断其是否属于热线咨询服务受理范围。12366热线主要负责解答纳税人关于国家税收法律、行政法规以及与纳税程序有关的问题，引导投诉服务，提供税务机关管辖基金费缴纳指引服务。不提供税收策划、各类社会性涉税考试辅导，也不进行涉税学术研究、探讨。不属于热线受理范围的，咨询员应主动告知纳税人不予受理的理由。

(二) 处理

(1) 知识查询。咨询员应通过12366知识库查找答复依据。使用12366知识库查询不到的，通过查阅文件、资料等其他方式查找。查询后能够即时答复的咨询事项，转入答复纳税人环节。

查找时需要纳税人等待的，应使用等待用语告知纳税人并播放等待音乐。等待时间超过90秒时，应征询纳税人意见，根据纳税人意愿采取继续等待查询或事后答复的方式处理。等待结束后，应使用结束等待用语，再继续提供咨询服务。

(2) 求助处理。对查询12366知识库后不能够答复的咨询事项，咨询员可通过现场求助、转接答复、三方通话等求助方式即时处理。

① 现场求助。咨询员通过现场与业务支持人员进行沟通，明确答复具体要点内容后告知纳税人。

② 转接答复。咨询员直接将来电转至专家坐席、远程坐席或纳税人指定的咨询员、指定号码。转接后由被转接人进行答复和处理，咨询员结束通话。

③ 三方通话。咨询员直接将来电转至专家坐席、远程坐席或纳税人指定的咨询员、指定号码，实现咨询员和被转接人、纳税人同时在线处理。

（3）提交工单。对于求助处理不能答复的问题，咨询员应在问题产生的 1 个工作日内形成工单并提交给工单处理人员。本级热线能够处理的工单应在问题产生之日起 5 个工作日内处理，紧急的工单应根据实际需要在限定时限内办结。

（4）转出办理。本级热线不能处理的工单，属于税收政策难题需要相关税政部门答复的（以下简称疑难问题），应在问题产生之日起 3 个工作日内制作《12366 热线疑难问题提交单》。

不属于疑难问题但需要其他部门处理的个性化问题，应在问题产生之日起 3 个工作日内转办相关部门，承办部门应在 1 个工作日内判断是否属于其职责受理范围，不属于职责受理范围的，退回 12366 热线，逾期不退，视为受理。属于职责受理范围，承办部门应自转出之日起 5 个工作日内处理。

（5）答复纳税人。答复人应准确规范地答复纳税人。通过提交工单、转出办理方式处理的问题，首位咨询员应在收到回复后 1 个工作日内答复纳税人。

通过提交工单、转出办理方式不能在规定期限内答复纳税人的问题，咨询员应在期限届满最后一个工作日回呼纳税人，告知其问题办理进度。

结束来电应使用结束语。若需话后满意度评价，应启动满意度调查。

（三）办结

结束通话后，除了采取转接方式的话务由被转接人办结外，其他话务均由首位咨询员办结。办结人应即时进行电话小结，不能即时记录的，应于 2 个工作日内补录完成。记录小结应确保内容完整、语言简洁、表述准确。小结的内容应包括反映内容、答复内容、解决方式、问题类型等。对不能够即时答复的问题，应准确记录纳税人称谓、联系电话和问题归属地等信息。

二、投诉、举报及意见建议工作要求

（一）投诉

咨询员应在收到投诉的 1 个工作日内生成投诉工单，1 个工作日内采用书面或电子方式将工单传递给纳税服务投诉受理部门，纳税服务投诉受理部门在收到投诉工单的 2 个工作日内判断是否受理。

（二）举报

举报专岗应在接收举报 1 个工作日内根据举报内容形成举报工单，在形成工单 1 个工作日内通过 12366 热线系统将举报工单转至被举报人相关责任部门处理并反馈，举报专岗应定期查看举报工单办理进度，并及时对符合条件的工单予以办结。

（三）意见建议

1个工作日内制作《12366 热线意见建议提交单》并传递至同级业务主管部门。业务主管部门应自接收《12366 热线意见建议提交单》之日起 15 个工作日内将意见、建议的受理、采纳情况及原因反馈给纳税人。对不属于本单位职责范围的，自接收之日起 3 个工作日内将《12366 热线意见建议提交单》退回 12366 热线，3 个工作日内不回复 12366 热线的视作已经受理。相关单位处理完意见建议后应在 1 个工作日内将情况反馈至 12366 热线。纳税人的意见建议需要 12366 热线回复的，咨询员应在收到反馈后的 1 个工作日内答复纳税人。

三、电话回呼工作要求

（1）电话回呼是指 12366 热线通过人工语音采取主动呼出的方式向纳税人提供涉税服务。电话回呼包括留言回呼、纠错回呼、承诺回呼、遇忙（呼损）回呼等。

（2）留言回呼应自发生之日起 1 个工作日内处理；纠错回呼应自发现之日起 1 个工作日内回复；承诺回呼应在承诺期限内处理，承诺的期限一般不能超过 3 个工作日；同一个电话 3 次未能接入人工咨询时必须进行遇忙（呼损）回呼，应自发生之日起 2 个工作日内予以回拨。

（3）咨询员电话回呼时，在 1 个工作日不同时段内回拨 3 次，对方仍无人接听，或者出现去电号码提示错误等情形无法联系对方的，可视同已处理。

四、其他咨询方式工作要求

（1）网络留言咨询是指 12366 热线通过非实时方式答复纳税人在税务机关门户网站等网络平台的留言，为纳税人提供纳税咨询服务。咨询员应在纳税人留言的 1 个工作日内查阅。根据纳税人的问题内容，判断其是否属于热线咨询服务受理范围。不属于热线受理范围的，咨询员应主动告知纳税人不予受理的理由。问题表述不清的，咨询员应要求纳税人重新留言将问题表述完整或指引其采用电话方式咨询，若纳税人已在留言中注明电话联系方式，可启动电话回呼的流程处理。

（2）网络实时咨询是指 12366 热线通过网络平台实时地为纳税人提供纳税咨询服务。纳税人通过网络方式发起对话，咨询员应在纳税人发起对话时作出应答，并使用规范的问候语。在咨询页面应显示免责条款和咨询员工号。咨询人员较多，咨询员无法即时应答，应使用规范用语对纳税人进行回应："您好，目前咨询人员较多，请稍等。"或者"您好，目前咨询人员较多，您可以先描述您的问题，我们会及时回复。您也可以拨打 12366 进行详细咨询，谢谢！"咨询员应根据纳税人的提问，判断其是否属于纳税咨询。不属于热线受理范围的，咨询员应主动告知纳税人不予受理的理由。

（3）现场咨询是指 12366 热线通过面对面交流的方式在 12366 热线现场或办税服务厅等场所为纳税人提供的纳税咨询服务。提供现场咨询服务时，咨询员应主动打招呼。纳税人提出问题时，咨询员应耐心倾听并与纳税人进行充分的沟通，掌握纳税人需求的核心。根据纳税人的问题内容，判断其是否属于纳税咨询。判断依据按照电话咨询的业务受理范围。不属于热线受理范围的，咨询员应主动告知纳税人不予受理的理由。

（4）传真咨询是指 12366 热线通过受理纳税人采用电话传真方式提出的问题，为纳税人提供纳税咨询服务。咨询员应每日查阅传真记录。受理判断。根据纳税人所提问题，判断其是否属于纳税咨询。判断依据按照电话咨询的业务受理范围。不属于热线受理范围的，咨询员应告知纳税人不予受理的理由。问题表述不清的，咨询员应要求纳税人重新传真将问题表述完整或指引其采用电话方式咨询，若纳税人已在传真中注明电话联系方式，可启动电话咨询流程处理。

（5）涉税信息查询纳税人通过电话、网络、现场、传真等方式提出查询需求，12366 热线在按规定可查询范围内为纳税人提供涉税信息查询服务。涉税信息查询包括人工查询和自助查询，自助查询服务是指 12366 热线预先在 IVR 系统录制语音、文本信息，纳税人利用电话机键盘输入进行选择，自行根据语音提示获得涉税信息的查询服务。纳税人通过各种渠道提出涉税信息查询的需求，咨询员应耐心倾听或认真查阅，掌握纳税人需求的核心。咨询员根据纳税人所提查询需求，判断是否属于 12366 热线可查询范围。不属于热线可查询范围的，咨询员应主动告知纳税人不予查询的理由。根据当地税务机关要求，需要对纳税人进行身份验证的按照其确定的方式进行验证。验证通过则提供信息查询服务，验证不通过的，不予查询。

五、排班管理及现场管理工作要求

（一）排班管理

排班管理是指为了确保 12366 热线运行顺畅，通过历史数据及相关影响因素对未来话务量进行科学预测，根据预测结果安排相应时段的咨询员数量，对 12366 咨询员的上线、休息、文书、培训等工作进行科学合理的安排和管理。

排班中应注意保证就餐时间充足和班次长度均等，还应避免出现大量咨询员同时上下线的情况，以使服务水平等指标保持平稳，确保纳税人有良好的服务体验。

（二）现场管理

现场管理是指为了维护 12366 热线工作运行顺畅，根据现场发现或发生的实际情况，对咨询员进行帮助和指导、对各项工作进行跟踪和校验、对存在问题给予纠正和解决的动态管理过程。现场管理主要包括现场巡视、实时监听、指标监控、业务支持、信息发布与报送、应急管理等 6 个部分。

现场管理人员应密切关注话务量波动情况和接通率水平，按照半小时接通率指标设定预警标准，接通率在 70%～80%时为一级预警，接通率在 60%～70%时为二级预警，接通率低于 60%为三级预警。接通率一级预警时应召回示忙、休息、其他业务处理状态的咨询员等；接通率二级预警时，应取消会议、培训，并及时作出临时调整排班等；接通率三级预警时应调整系统设置(IVR、路由)，呼叫溢出等；话务量较低、接通率较高时应合理安排咨询员会议、培训、离线休息等。

六、组织绩效评估参考指标

组织绩效评估参考指标如表 2-1 所示。

表 2-1　组织绩效评估参考指标

指标分类	KPI 指标	指标释义	参考目标
效率指标	人工接通率	人工接听量/转接人工量	≥80%
	人工接听量	转人工座席并接听成功的次数	
	20 秒内接通率(服务水平)	20 秒内接通量/人工接听量	≥50%
	平均振铃时长	呼入坐席时振铃的平均时长	≤5 秒
	平均处理时长	平均通话时长＋平均小结时长	3～5 分钟
	平均通话时长	通话时长/话务量	2～3 分钟
	平均小结时长	通话挂断后到小结记录完成的时长/话务量	≤120 秒
质量指标	准确率	咨询员答复问题的准确程度，即质量监控时判断为答复准确的样本数/质量监控样本数	
	工单生成率	通过各种渠道提供服务时，生成工单的人工服务数/各渠道人工服务数	＜5%
	工单办结率	通过各种渠道提供服务时，办结的工单数/工单数	100%
	工单按时办结率	通过各种渠道提供服务时，按照规定期限办结的工单数/工单数	≥90%
策略指标	服务规范分值	12366 热线提供服务的规范程度，包括语音规范、服务态度等	
	转满意度评价率	转满意度调查的记录数/人工语音服务量	
	满意度评价率	转满意度调查并已有调查结果的记录数/转满意度调查的记录数	
	满意率	选择非常满意和满意的记录数/转满意度调查并已有调查结果的记录数	
人员指标	咨询员流动率	咨询员变动数(离职)/〔(咨询员期初总数＋咨询员期末总数)/2〕	

七、12366 质量监控

质量监控是指按照科学、合理、统一的标准，采用抽样监控、实时监控和拨测监控等方式对 12366 热线咨询员为纳税人提供涉税服务的质量进行综合评判。

质量监控方法包括抽样监控、实时监控和拨测监控，一般应以抽样监控为主，实时监控、拨测监控为辅。

抽样监控是指按照一定的原则抽取部分样本，对样本中咨询员已经办理完结的服务事项的综合表现进行事后评价和处理的监控形式。

实时监控是指对咨询员正在办理的服务事项的综合表现进行即时评定和处理的监控形式。实时监控是现场管理的主要形式之一。

拨测监控是指通过拨打 12366 热线，对咨询员办理服务事项的综合表现进行即时评定和处理的监控形式。

第五节　12366 知识库管理办法

一、知识库内容组成、归集标准、遵循原则

知识库由全国通用知识（以下简称通用知识）和地方适用知识（以下简称地方知识）两部分组成。知识库包含税收法规、问题解答、办税流程、业务专题、表证单书、相关法规等知识类别。

知识库要按照准确、及时、规范、全面、实用的标准进行归集整理。

知识库管理遵循统筹建设、分级维护、内容规范、动态更新的原则。

二、知识库流程管理

知识库流程管理包括知识采集、知识审核、知识发布、知识更新和知识撤销等环节。

三、知识库关键字设置应遵循原则

应遵循原则：准确、简练、统一、代表性、灵活。原则上，关键字应以 3~6 个为宜。

四、咨询专家对知识库内容审核

咨询专家负责对 12366 纳税服务热线税收业务知识库中问题解答、办税流程、表证单书、业务专题和税收法规等内容进行准确性、完整性、有效性和及时性审核。

五、12366 热线系统整理热点问题的工作要求

热点问题各省 12366 热线应按规定整理并上报每月热点问题，北京中心初审后报税务总局审核，审核后的热点问题运用于税法宣传和内部培训学习。各省 12366 热线负责

每月筛选及整理 10 个在各种咨询途径中出现频率较高或回答难度较大的问题及答案。问题答案应以税收法律、法规、规章和规范性文件为依据进行整理。来源于新闻媒介的学术论文以及内部讨论意见等没有发布正式文件的资料，不得作为答复依据。整理出的热点问题及答案需填写《12366 热线热点问题提交单》，提交单的内容语言表述应简洁、明确、易用、规范，不得使用口语化描述，专业用语应首先使用税收法律、法规、规章和规范性文件的词汇，或税务系统内约定俗成的词汇描述。基层 12366 热线受理的热点问题，应按规定层级上报省 12366 热线归集。

省 12366 热线每月初 5 个工作日内收集、筛选上月咨询热点问题，通过 12366 热线系统的《12366 热线热点问题提交单》形式报送北京中心；北京中心应在每月 15 日前对全国上报的热点问题进行汇总整理，整理后上报国家税务总局。同一问题不能重复选用。

国家税务总局对热点问题进行审核后应及时反馈至北京中心。经国家税务总局审核的热点问题应由北京中心汇总至 12366 知识库—学习园地。

第六节　12366 热线服务质效监管

一、监测指标、原则及权重

12366 热线绩效测评共选取接通率、答复准确率、服务规范性三项指标，每项指标分值均为 100 分。日常监测坚持随机抽样、匿名测评、定期反馈、公平公正的工作原则。

(1) 原始得分＝接通率得分×30%＋答复准确率得分×40%＋服务规范性得分×30%。

(2) 最终成绩＝(被测评单位原始得分/标杆分)×12366 热线绩效测评在绩效考核中所占分值。

(3) 接通率测评标准，如表 2-2 所示。

表 2-2　接通率测评标准

测评档次	分　值
接通率≥80%	100
70%≤接通率＜80%	以 100 分为总分，不足 80%的部分，每个百分点扣 2 分，计算公式为：100－(80%－接通率)×100×2
60%≤接通率＜70%	以 80 分为总分，不足 70%的部分，每个百分点扣 3 分，计算公式为：80－(70%－接通率)×100×3
50%≤接通率＜60%	以 50 分为总分，不足 60%的部分，每个百分点扣 5 分，计算公式为：50－(60%－接通率)×100×5
接通率＜50%	0

（4）答复准确率测评标准，如表 2-3 所示。

表 2-3 答复准确率测评标准

测评项目	测评档次	测评标准	分值
理解准确（30 分）	准确理解	能够迅速准确理解纳税人需求。	30
	基本理解	经过反复确认后，基本能够理解纳税人需求。	20
	无法理解	不理解纳税人需求。	0
答复准确（70 分）	完全准确	答复结论准确、完整（“完整”不要求必须引用文件名称或文号）。	70
	部分准确	答复结论基本准确但出现以下情形的，酌情扣分，扣至 30 分为止。 1. 非重要信息、非关键步骤遗漏或答复不准确，但不影响最终结论，一项扣 10 分。 2. 引用文件不准确，一次扣 10 分。 3. 同一来电中纳税人咨询两个及以上问题时，部分问题出现答复错误，以 70 分为总分按照比例折算扣分。	30～60
	错误	答复结论错误。 违反首问责任制，推诿不答。	0

（5）服务规范性测评标准，如表 2-4 所示。

表 2-4 服务规范性测评标准

测评项目	测评标准	分值
语音规范	语音规范出现以下情形的酌情扣分，扣完为止。 1. 自动语音未播报免责条款（采取咨询员人工说明方式的视为播报），扣 5 分。 2. 自动语音未播报工号（采取咨询员人工报工号方式的视为播报），扣 5 分。 3. 自动语音菜单设置不符合总局规范要求（已报总局备案的除外），扣 10 分。 4. 未遵守热线用语规范，使用服务忌语等不文明用语的，一次扣 10 分；未使用规定文明用语等其他情况，一次扣 5 分。 5. 未使用普通话（纳税人要求使用或主动使用方言的除外）或地方口音严重、口齿不清的，扣 10 分。	50
服务态度	服务态度出现以下情形的，一次扣 10 分，扣完为止。 1. 在与纳税人通话过程中，与他人闲谈，或出现其他影响热线服务质量和形象的非工作杂音。 2. 态度冷漠、语气强硬、明显不耐烦。 3. 通话期间未征求纳税人意见，让纳税人在线等待超过 2 分钟。 4. 解答时用反诘方式与纳税人沟通。 5. 简单粗暴地打断纳税人说话、抢话，抢先挂机。	50
严重违规	出现以下情形的，采取一票否决制，服务规范性为 0 分。 1. 责问、训斥、谩骂纳税人，与纳税人发生争吵。 2. 违反首问责任制，推诿不答。	0

二、监测时间及方式

日常监测工作按月进行，采用后台抽测为主、前台拨测为辅，测评专家匿名测评的监测方式。（按 12366 操作规范要求，质量监控每月抽取的样本总量原则上不低于人工话务总量的 2%）

测评人员按照 3 人一组进行分组，并分配样本。测评人员按照测评标准对样本进行评分，每个样本均由同组 3 人分别独立评分，最终该样本得分为 3 个得分的平均分。同组 3 名测评人员对同一样本给出的最高分和最低分分差超过 20 分的，应在组内进行合议，调整不合理差异，如无法取得一致意见，报测评组审核确定。

三、抽样标准及测评人员组成

（一）抽样标准

抽样以政策咨询业务为主，包含各税种及征管业务。

（1）抽取样本的通话时长以 1～6 分钟为主。

（2）抽样时间段随机，适当提高高峰时段样本比重。

（3）对同一咨询员，在同一次测评中原则上不重复抽样。

（4）为确保测评结果准确公正，抽取的样本在系统中有关联通话记录的（前提是咨询员进行了关联操作），如对某个咨询事项的回呼录音，作为一个样本同时抽出。

（二）测评专家应具备的条件

（1）爱岗敬业，责任心强。

（2）在 12366 热线工作 1 年以上。

（3）具有话务质检工作经验。

（4）有较高的税收业务水平。

【案例解说】

咨询员：您好，很高兴为您服务。

来电人：你好。其实我这个问题上次来反映过，就是我有一户平面设计企业，2016 年度信用等级被判定为了 B。现在我想申请复评，请问我要带哪些资料去？

咨询员：稍等，我查一下。（此处咨询员点击通话保持，查阅知识库，时长 30 秒）

咨询员：您好女士，办理该业务需要携带的资料是《纳税信用复评申请表》。

来电人：好的，还有个问题想要咨询你，上次我打电话你们 12366，有个工号是 1002 的人好像比较专业，也告诉我，让我去主管税务机关查询我的信用等级和扣分原因。后来我自己在登录我自己国税税务局网站查到了信用等级是 B，有一个扣分原因叫：“010104. 评价年度内非正常原因增值税或营业税连续 3 个月或累计 6 个月零申报、负申报的”。我想问问你，我是营改增纳税人，我以前国地税两家都有营业税和增值税申报，但是，当时我是营业税为主，前4个月每个月地税都定额交营业税税金，国税增值税都是零申报。

（此时，纳税人情绪有点激动，语速较快，较着急的节奏）

咨询员：你怎么讲这么快，慢慢说，我听不清。

来电人：好吧，我慢点告诉你。后来营改增，我每个季度申报增值税，其中有两个季度符合小微，一个季度零申报。你分析看看，这个指标是不是也有错，我是在国税没有交税，但又不是我要零申报的，都是免税的。其实我一年到头在国税也就申报了3次，就零申报一次，零申报应该按次来算。

咨询员：按照您刚才的描述，你去年营改增前在国税零申报了4个月。因此，你这个指标在我们国税这么算应该没有问题。另外，只要是没有税金，都是零申报，您在国税没有过缴纳税款。

来电人：那是不是说，我可以到地税去申请调整为A？因为地税我每个月都有税金。

咨询员：如果地税也是这个指标的话，在地税您就不符合该指标，可以去地税申请。

来电人：我就搞不懂了，这个指标里的“非正常”的说法我也不符合啊，我很正常的在经营。有时候有生意有时候没有生意不是常事吗？

咨询员：很抱歉，来电人，这个我就判断不了了。经营正常不正常是您比较清楚，我怎么判断的了？

（此处有咨询员轻轻地笑声，声音并不大，纳税人可能听不清，但录音还是比较清晰）

来电人：我还是没有太明白这个指标到底是什么原因造成的。

咨询员：非常抱歉，我是实习生，对信用评价方面业务还不是很熟悉，要不我帮你转接当时接您电话的1002坐席吧，看看她是不是能够回答您的问题？

来电人：好的，你帮我转过去。

（此处咨询员点击IVR转接，接入1002坐席，但是由于1002电话占线，未能接通。）

咨询员：您好，1002咨询员正在通话中，如您愿意等待，我可以帮您继续转接。或者我先记录您的联系方式，让她稍后给您回电，可以吗？

来电人：好的。

咨询员：请您留下联系方式。

来电人：139×××。

咨询员：您还有其他问题吗？

来电人：没有了，我等她打给我吧。

咨询员：好的，感谢咨询，再见！请对我的服务作出评价。

（来电人挂机）

【要求】

1. 请分析该咨询员在本通录音的服务中存在的问题，并写出通用标准用语或适用的文明用语。

2. 若您是咨询员，请您回答纳税人的政策相关问题。（不需特别引用文件原文，结论正确即可）

问题一：现在我想申请复评，请问我要带哪些资料去？

问题二：我想问问你，我是营改增纳税人，我以前国地税两家都有营业税和增值税申报，但是，当时我是营业税为主，前4个月每个月地税都定额交营业税税金，国税增值税都是零申报。这个指标是不是也有错？我是在国税没有交税，但又不是我要零申报的，都是免税的。其实我一年到头在国税也就申报了3次，就零申报一次，零申报应该按次来算。

问题三：那是不是说，我可以到地税去申请调整为A？因为地税我每个月都有税金。

问题四：我就搞不懂了，这个指标里的“非正常”的说法我也不符合啊，我很正常的在经营。有时候有生意有时候没有生意不是常事吗？

3. 请根据《服务规范性测评标准》《答复准确率测评标准》（见例表2-1和例表2-2）写出服务规范性得分和答复准确率得分，并简要说明扣分原因。

例表2-1　服务规范性测评标准

测评项目	测评标准	分值
语音规范	语音规范出现以下情形的酌情扣分，扣完为止。 1. 自动语音未播报免责条款（采取咨询员人工说明方式的视为播报），扣5分。 2. 自动语音未播报工号（采取咨询员人工报工号方式的视为播报），扣5分。 3. 自动语音菜单设置不符合总局规范要求（已报总局备案的除外），扣10分。 4. 未遵守热线用语规范，使用服务忌语等不文明用语的，一次扣10分；未使用规定文明用语等其他情况，一次扣5分。 5. 未使用普通话（纳税人要求使用或主动使用方言的除外）或地方口音严重、口齿不清的，扣10分。	50
服务态度	服务态度出现以下情形的，一次扣10分，扣完为止。 1. 在与纳税人通话过程中，与他人闲谈，或出现其他影响热线服务质量和形象的非工作杂音。 2. 态度冷漠、语气强硬、明显不耐烦。 3. 通话期间未征求纳税人意见，让纳税人在线等待超过2分钟。 4. 解答时用反诘方式与纳税人沟通。 5. 简单粗暴地打断纳税人说话、抢话，抢先挂机。	50
严重违规	出现以下情形的，采取一票否决制，服务规范性为0分。 1. 责问、训斥、谩骂纳税人，与纳税人发生争吵。 2. 违反首问责任制，推诿不答。	0

例表 2-2　答复准确率测评标准

测评项目	测评档次	测评标准	分值
理解准确（30 分）	准确理解	能够迅速准确理解纳税人需求。	30
	基本理解	经过反复确认后，基本能够理解纳税人需求。	20
	无法理解	不理解纳税人需求。	0
答复准确（70 分）	完全准确	答复结论准确、完整（“完整”不要求必须引用文件名称或文号）。	70
	部分准确	答复结论基本准确但出现以下情形的，酌情扣分，扣至 30 分为止。 1. 非重要信息、非关键步骤遗漏或答复不准确，但不影响最终结论，一项扣 10 分。 2. 引用文件不准确，一次扣 10 分。 3. 同一来电中纳税人咨询两个及以上问题时，部分问题出现答复错误，以 70 分为总分按照比例折算扣分。	30～60
	错误	答复结论错误。 违反首问责任制，推诿不答。	0

【参考答案】

1. 请分析该咨询员在本通录音的服务中存在的问题，并写出通用标准用语或适用的文明用语。

(1) 咨询员：稍等，我查一下。

此处不符合查询通用标准用语。

需要查询时：“这个问题我需要查询（核实）一下，请稍等。”

(2) 咨询员：您好女士，办理该业务需要携带的资料是《纳税信用复评申请表》。

此处不符合查询结束通用标准用语。

查询结束后：“您好，感谢您的等待/让您久等了。”

(3) 咨询员：你怎么讲这么快，慢慢说，我听不清。

此处为服务忌语。

应为：“您不要着急，请慢慢说”或者“对不起，刚刚您的语速较快，我没有听得太清楚，请慢慢说”等等。“我理解这件事让您非常着急/气愤……（等待对方情绪逐渐冷静下来后）您可以把需要咨询的问题和我讲一下吗？我会尽力为您解答。”

(4) 咨询员：很抱歉，来电人，这个我就判断不了了。经营正常不正常是您比较清楚，我怎么判断的了？

此处为服务忌语。

应为“非常抱歉，这块业务（您咨询的问题）我暂时不能给您一个确切的答复”等等。

2. 若您是咨询员，请您回答纳税人的政策相关问题。（不需特别引用文件原文，结

论正确即可）

问题一：办理该业务需要携带的资料是《纳税信用复评申请表》。

问题二：按季申报零申报，按照连续3个月算。（按季申报视同连续3个月）

问题三：国地税是联合评价，共同计分。不能就此原因向地税申请复评。

问题四：正常原因是指：季节性生产经营、享受政策性减免税等正常情况原因。非正常原因是除上述原因外的其他原因。

3. 请根据《服务规范性测评标准》《答复准确率测评标准》给该通录音打分并简要说明扣分原因。

服务规范性：得分10＋30＝40（分）。

（1）语音规范（50分）：共4次不规范用语扣40分。得分10分。

（2）服务态度（50分）：扣20分，得分30分。

① 在与纳税人通话过程中，与他人闲谈，或出现其他影响热线服务质量和形象的非工作杂音（一次轻笑）扣10分。

② 解答时用反诘方式与纳税人沟通。（很抱歉，来电人，这个我就判断不了了。经营正常不正常是您比较清楚，我怎么判断的了？）扣10分。

答复准确率：得分30＋30＝60（分）。

（1）理解准确（30分）：理解准确不扣分，得分30分。

（2）答复准确（70分）："3.同一来电中纳税人咨询两个及以上问题时，部分问题出现答复错误，以70分为总分按照比例折算扣分。"纳税人共咨询了4个问题。其中一个回答正确，其余三个回答错误。按比例折算扣分为：52.5分。但扣至30分为止，所以得分30分。

第七节　纳税人税收违法行为举报受理

纳税人税收违法行为举报分为"纳税人一般税收违法行为举报"和"纳税人轻微税收违法行为举报"。12366纳税服务热线通过举报专线接受纳税人税收违法行为举报，并实现举报事项的专岗接听、记录转办和归口查询。

一、纳税人一般税收违法行为举报

纳税人一般税收违法行为举报是指举报人（含单位、个人）对纳税人、扣缴义务人涉嫌偷税，逃避追缴欠税，骗税，虚开、伪造、非法提供、非法取得发票，以及其他税收违法行为进行的举报，业务上属于稽查部门职责范围。纳税人一般税收违法行为的具体情形包括以下内容。

(一) 偷税行为

(1) 纳税人伪造、变造、隐匿、擅自销毁账簿、记账凭证,或者在账簿上多列支出或者不列、少列收入,或者经税务机关通知申报而拒不申报或者进行虚假的纳税申报,不缴或者少缴应纳税款的行为。

(2) 扣缴义务人采取同样手段不缴或者少缴已扣、已收税款的行为。

(二) 逃避追缴欠税行为

它是指纳税人欠缴应纳税款,采取转移或者隐匿财产的手段,妨碍税务机关追缴欠缴税款的行为。

(三) 骗税行为

它是指以假报出口或者其他欺骗手段,骗取国家出口退税款的行为。

(四) 虚开发票行为

(1) 为他人、为自己开具与实际经营业务情况不符的发票。

(2) 让他人为自己开具与实际经营业务情况不符的发票。

(3) 介绍他人开具与实际经营业务情况不符的发票。

(五) 与逃避缴纳税款相关的行为

(1) 纳税人、扣缴义务人编造虚假计税依据的行为。

(2) 非法印制、转借、倒卖、变造或者伪造完税凭证的行为。

(3) 私自印制、伪造、变造发票,非法制造发票防伪专用品,伪造发票监制章的行为。

(4) 转借、转让、介绍他人转让发票、发票监制章和发票防伪专用品与知道或者应当知道是私自印制、伪造、变造、非法取得或者废止的发票而受让、开具、存放、携带、邮寄、运输的行为。

二、纳税人轻微税收违法行为举报

纳税人轻微税收违法行为举报是指举报人(含单位、个人)对应开具而未开具发票、未申报办理税务登记和其他轻微税收违法行为进行的举报,业务上属于被举报的纳税人或扣缴义务人(以下简称“被举报人”)主管税务机关负责征管业务的部门(以下简称“征管部门”)的职责范围。纳税人轻微税收违法行为的具体情形包括:

(1) 应开具而未开具发票的行为。

(2) 未申报办理税务登记行为(无照经营行为)。

(3) 其他轻微税收违法行为:

① 未按照规定的期限变更或者注销登记的行为。

② 未按照规定设置、保管账簿或者保管记账凭证和有关资料的行为。

③ 未按照规定将财务、会计制度或者财务、会计处理办法和会计核算软件报送税务机关备查的行为。

④ 未按照规定将其全部银行账号向税务机关报告的行为。

⑤ 未按照规定安装、使用税控装置，或者损毁或者擅自改动税控装置的行为。

⑥ 纳税人未按照规定使用税务登记证件，或者转借、涂改、损毁、买卖、伪造税务登记证件的行为。

⑦ 扣缴义务人未按照规定设置、保管代扣代缴、代收代缴税款账簿或者保管代扣代缴、代收代缴税款记账凭证及有关资料的行为。

⑧ 纳税人未按照规定的期限办理纳税申报和报送纳税资料的，或者扣缴义务人未按照规定的期限向税务机关报送代扣代缴、代收代缴税款报告表和有关资料的行为。

⑨ 纳税人不进行纳税申报，不缴或者少缴应纳税款的行为。

⑩ 扣缴义务人应扣未扣、应收而不收税款的行为。

⑪ 纳税人未按照规定办理税务登记证件验证或者换证手续的行为。

⑫ 银行和其他金融机构未依照税收征管法的规定在从事生产、经营的纳税人的账户中登录税务登记证件号码，或者未按规定在税务登记证件中登录从事生产、经营的纳税人的账户账号的行为。

⑬ 纳税人拒绝代扣、代收税款的行为。

⑭ 纳税人通过提供虚假的证明资料等手段，骗取税务登记证的行为。

⑮ 未按照规定的时限、顺序、栏目，全部联次一次性开具发票，或者未加盖发票专用章的行为。

⑯ 使用税控装置开具发票，未按期向主管税务机关报送开具发票数据的行为。

⑰ 使用非税控电子器具开具发票，未将非税控电子器具使用的软件程序说明资料报主管税务机关备案，或者未按照规定保存、报送开具发票数据的行为。

⑱ 拆本使用发票的行为。

⑲ 扩大发票使用范围的行为。

⑳ 以其他凭证代替发票使用的行为。

㉑ 跨规定区域开具发票的行为。

㉒ 未按照规定缴销发票的行为。

㉓ 未按照规定存放和保管发票的行为。

㉔ 跨规定的使用区域携带、邮寄、运输空白发票，以及携带、邮寄或者运输空白发票出入境的行为。

㉕ 丢失发票或者擅自损毁发票的行为。

三、涉税违法举报受理

涉税违法举报专门坐席岗位（以下简称“举报专岗”）收到纳税人通过电话方式向

12366热线进行举报时，应按照举报工单模板进行记录，生成举报工单。其中，纳税人一般税收违法行为举报，应当辅导举报人以书面形式向稽查局举报中心进行举报。举报专岗接收举报时应准确记录举报人的姓名和联系方式（匿名举报纳税人税收违法行为的不需记录，也不接受工单查询），被举报单位名称，或者被举报个人的姓名及其所属单位名称、地址和税收违法行为类别等。

纳税人税收违法行为举报要区分纳税人一般税收违法行为举报和纳税人轻微税收违法行为举报，并在举报工单中勾选相应的违法行为情形。《纳税人税收违法行为举报工单》不包含举报详细内容，并应符合《税收违法行为检举管理办法》（国家税务总局令第24号发布，以下简称《检举管理办法》）保密原则的规定。举报专岗应在接收举报1个工作日内根据举报内容形成举报工单。每个举报工单对应一个工单编号，属于不形成工单情况的，系统不生成工单编号。举报专岗应提醒举报人妥善保存工单编号，以便日后查询使用。如果举报人使用手机拨打举报专线，12366系统可获取来电号码并将举报工单编号自动发送到来电手机上；如果举报人使用其他方式拨打举报专线，举报专岗应询问其手机号码并记录在联系方式一栏；如果举报人拒绝提供手机号码，举报专岗可以通过点击“推送语音播报”按钮或通过人工播报的方式告知举报人举报工单编号。

【温馨提示】

发生下列情形不形成举报工单：举报事项不属于举报专岗职责范围的；举报要素（被举报人名称、地址、具体违法行为）不齐全、无法形成工单的（特殊情况除外）；经辅导，举报人同意向稽查部门或征管部门邮寄书面材料，或举报人愿意网上举报、前往稽查部门或征管部门当面实施举报，并经询问明确表示无须向稽查部门或征管部门重复传递举报资料（工单）的。

（一）工单传递

1. 纳税人一般税收违法行为举报

（1）国家级12366中心形成的举报工单。

对国家级12366中心所在地纳税人的举报，在形成工单1个工作日内通过公文处理系统将举报工单转至所在地省级稽查部门处理并反馈。

对其他省纳税人的举报，在形成工单1个工作日内通过12366热线系统将举报工单和语音文件流转至相应省级12366中心，省级12366中心收到后1个工作日内将举报工单通过公文处理系统转本级稽查部门处理并反馈。

重大事项或涉及跨省税收违法事项，在形成工单1个工作日内通过公文处理系统转税务总局稽查局处理并反馈。

（2）省级12366中心形成的举报工单在1个工作日内通过公文处理系统转省级税务

机关稽查部门处理并反馈。

2. 纳税人轻微税收违法行为举报

(1) 国家级 12366 中心形成的举报工单。

对国家级 12366 中心所在地纳税人的举报，在形成工单 1 个工作日内通过 12366 热线系统将举报工单转至被举报人主管税务机关征管部门处理并反馈。

对其他省纳税人的举报，在形成工单 1 个工作日内通过 12366 热线系统将举报工单和语音文件流转至相应省级 12366 中心，省级 12366 中心收到后 1 个工作日内将举报工单通过 12366 热线系统转被举报人主管税务机关征管部门处理并反馈。

(2) 省级 12366 中心形成的举报工单在 1 个工作日内通过公文处理系统转被举报人主管税务机关征管部门处理并反馈。

(二) 接收反馈

接收反馈是指稽查部门和征管部门对形成工单进行办理，举报专岗通过 12366 热线系统获取反馈信息。

稽查部门和征管部门应在收到举报工单后分别按照《检举管理办法》和征管部门相关规定办理，并区分情况填写举报工单：

(1) 纳税人一般税收违法行为举报工单应当按照“已受理”和“不予受理”进行反馈，“不予受理”的工单需说明原因。

(2) 纳税人轻微税收违法行为举报工单应当按照“不予受理”“已受理正在办理”“申请延期”和“已办结”四种情况进行反馈。“已受理正在办理”的工单需明确办理时限，“不予受理”和“申请延期”的工单需说明原因。

(三) 查询回复

举报人拨打 12366 热线电话查询举报办理情况时，举报专岗按照举报类型分以下两种情况回复。

(1) 纳税人一般税收违法行为举报，举报专岗根据举报工单反馈的办理进度告知其“不予受理”或“已受理”，并可应举报人要求按照稽查部门反馈的信息告知其“不予受理”的原因。举报人如需了解更为详尽的信息，举报专岗告知其同级税务机关稽查局举报中心或办理单位电话，由举报人自行拨打查询具体办理情况。

(2) 纳税人轻微税收违法行为举报，举报专岗根据举报工单反馈的信息告知其举报办理进度。举报人如需了解更为详尽的信息，举报专岗告知其拨打被举报人主管税务机关征管部门电话查询具体办理情况。

(四) 办结

涉税违法举报的办结应区分纳税人一般税收违法行为举报和纳税人轻微税收违法行为举报分别处理：对纳税人一般违法行为的举报应在收到办理进度为“不予受理”或“已受理”的反馈信息 1 个工作日内对工单进行办结；对纳税人轻微税收违法行为的

举报应在收到办理进度为“不予受理”或“已办结”的反馈信息1个工作日内对工单进行办结。

12366纳税服务中心应及时将已办结的电子或纸质举报工单归类存档，其他详尽信息和纸质举报资料由稽查部门和征管部门归类存档，保管期限参照《全国税务机关档案管理办法》及有关规定办理。

【延展阐述】

(1) 12366热线系统自动记录使用同一电话号码在一天内拨打并选择“涉税违法举报”菜单3次以上但未接通的记录，举报专岗人员应在1个工作日内予以回拨。

(2) 接受涉税违法举报时涉及其他业务类别的，应通过“继续受理”功能生成不同的记录，并启动相应的流程办理。

第八节　对税务机关税务人员的举报

税务机关和税务人员税收违法行政行为举报是指举报人对税务机关、税务人员在税收执法中不依法行政或执法有偏差的行为进行的举报。业务上属于督察内审部门或者承担税收执法监督检查职责部门(以下简称“督察内审部门”)的职责范围。

12366纳税服务热线通过举报专线接受税务机关和税务人员税收违法行政行为举报，并实现举报事项的专岗接听、记录转办和归口查询。

一、接收举报

(1) 举报专岗收到纳税人通过电话方式向12366热线进行举报时，应按照举报工单模板进行记录，生成举报工单。

(2) 举报专岗接收举报时应准确记录举报人的姓名和联系方式(匿名举报纳税人税收违法行为的不需记录，也不接受工单查询)，被举报单位名称，或者被举报个人的姓名及其所属单位名称、地址和税收违法行为类别等。

二、形成工单

举报专岗应在接收举报1个工作日内根据举报内容形成举报工单。每个举报工单对应一个工单编号，属于不形成工单情况的，系统不生成工单编号。举报专岗应提醒举报人妥善保存工单编号，以便日后查询使用。如果举报人使用手机拨打举报专线，12366系统可获取来电号码并将举报工单编号自动发送到来电手机上；如果举报人使用其他方式拨打举报专线，举报专岗应询问其手机号码并记录在联系方式一栏；如果举报人拒绝提供手机号码，举报专岗可以通过点击“推送语音播报”按钮或通过人工播报的方式告知举报人举报工单编号。

【温馨提示】

发生下列情形不形成举报工单：

(1) 举报事项不属于举报专岗受理范围内的。

(2) 已经通过行政复议、行政诉讼等法定途径解决，或者已经申请行政复议、提起行政诉讼的。

(3) 举报对象(所举报的税务机关名称或税务人员姓名及其所属税务机关名称)、举报的违法事实不清的。

(4) 举报事项已经受理，举报人在办理期限内就同一事项进行举报的；举报事项已经办理完结，举报人在未提供新证据的情况下，就同一事项再次举报的。

(5) 经辅导，举报人同意向督察内审部门邮寄举报材料和证据资料，经询问明确表示无须向督察内审部门重复传递工单的。

(6) 举报事项由税务机关作出处理意见后，举报人已经向其上一级税务机关申请复核，或者已由其上一级税务机关复核后作出处理结论的。

(7) 以及其他不属于督察内审部门职权范围的事项，包括：

① 反映税务机关和税务人员违反党纪政纪的，应引导举报人向纪检监察部门进行税务干部违纪举报。

② 反映税务机关和税务人员涉嫌违法犯罪的，应引导举报人向司法机关举报。

③ 所反映事项实际属于纳税服务投诉的，应引导举报人按照《纳税服务投诉管理办法》进行投诉。

④ 所反映事项属于纳税咨询，或举报的税收执法行为尚未实际发生的，应引导纳税人通过相应渠道进行纳税咨询和辅导。

三、工单传递

(一) 国家级 12366 中心形成的举报工单

(1) 对国家级 12366 中心所在地税务机关、税务人员的举报，在形成工单 1 个工作日内通过公文处理系统将举报工单转至所在地省级督察内审部门处理并反馈。

(2) 对其他省税务机关、税务人员的举报，在形成工单 1 个工作日内通过 12366 热线系统将举报工单和语音文件流转至相应省级 12366 中心，省级 12366 中心收到后 1 个工作日内通过公文处理系统将举报工单转至本级督察内审部门处理并反馈。

(3) 涉及下列情形之一的，在形成工单 1 个工作日内将举报工单通过公文处理系统转税务总局督察内审司处理并反馈：

① 举报税务总局机关及其税务人员存在税收违法行政行为的。

② 举报各省局副厅级以上干部存在税收违法行政行为的。

③ 举报各省局(不包括省局下属地市局、区县局等)存在税收违法行政行为的。

④ 举报事项已由省局做出处理意见,举报人对省局处理意见不满、要求税务总局复核的。

(二) 省级 12366 中心形成的举报工单

省级 12366 中心形成的举报工单在 1 个工作日内通过公文处理系统转省级税务机关督察内审部门处理并反馈。

四、接收反馈

接收反馈是指督察内审部门对举报工单进行办理,12366 系统通过同步更新办理内容获取反馈信息。

督察内审部门应在收到举报工单后按照督察内审部门相关规定办理,并按照“不予受理”“已受理正在办理”“申请延期”“已办结”进行反馈,“不予受理”和“申请延期”的工单需说明原因,“已受理正在办理”的工单需明确办理时限。

五、查询回复

举报人拨打 12366 热线电话查询举报办理情况时,举报专岗根据举报工单反馈的办理进度告知其“不予受理”“已受理正在办理”“申请延期”或“已办结”,并可应举报人要求按照督察内审部门反馈的信息告知其“不予受理”和“申请延期”的原因以及“已受理正在办理”工单的办理时限。对“已办结”的举报工单,举报人如需了解更为详尽的信息,举报专岗告知其同级税务机关督察内审部门或办理单位电话,由举报人自行拨打查询具体办理情况。

六、办结

对税务机关和税务人员税收违法行政行为的举报应在收到办理进度为“不予受理”或“已办结”的反馈信息 1 个工作日内对工单进行办结。

12366 纳税服务中心应及时将已办结的电子或纸质举报工单归类存档,其他详尽信息和纸质举报资料由督察内审部门归类存档,保管期限参照《全国税务机关档案管理办法》及有关规定办理。

【延展阐述】

(1) 12366 热线系统自动记录使用同一电话号码在一天内拨打并选择“涉税违法举报”菜单 3 次以上但未接通的记录,举报专岗人员应在 1 个工作日内予以回拨。

(2) 接受涉税违法举报时涉及其他业务类别的，应通过“继续受理”功能生成不同的记录，并启动相应的流程办理。

【政策依据】

1.《12366 纳税服务热线接收税收违法行政行为举报管理办法(试行)》(税总发〔2016〕145 号)

2.《国家税务总局纳税服务司关于修订〈12366 热线基本工作流程和作业标准(试行)〉的通知》(税总纳便函〔2016〕224 号)

第三章

纳 税 信 用

信用评价，是指税务机关根据采集的纳税人纳税信用信息，按照纳税信用评价的相关规定，就纳税人在一定周期内的纳税信用状况所进行的评价。纳税信用评价结果确定和发布后，纳税人可以书面向作出评价的税务机关申请复评、补评。

第一节　纳税信用评价基本知识

一、纳税信用评价管理的范围

纳入纳税信用管理的范围是：已办理税务登记（含"三证合一、一照一码"、临时登记），从事生产、经营的独立核算企业、个人独资企业和个人合伙企业。自 2018 年 4 月 1 日起，以下 3 类企业纳入评价范围：

（1）新设立企业，指从首次在税务机关办理涉税事宜之日起时间不满一个评价年度的企业，评价年度是指公历年度，即 1 月 1 日至 12 月 31 日。

【延展阐述】

新设立企业在 2018 年 4 月 1 日以前已办理涉税事宜的，税务机关应在 2018 年 4 月 30 日前对其纳税信用进行评价；从 2018 年 4 月 1 日起，对首次在税务机关办理涉税事宜的新设立企业，税务机关应及时进行纳税信用评价。

（2）评价年度内无生产经营业务收入的企业。

【延展阐述】

评价年度内无生产经营业务收入的企业和适用企业所得税核定征收办法的企业，税务机关在每一评价年度结束后，按照《国家税务总局关于发布〈纳税信用管理办法（试行）〉的公告》（国家税务总局公告 2014 年第 40 号，以下简称《信用管理办法》）规定的时限进行纳税信用评价。目前《信用管理办法》规定，税务机关在评价年度下一年的 4 月份对这些企业进行纳税信用评价，并发布评价结果。

(3) 适用企业所得税核定征收办法的企业。此外，纳入信用管理范围的企业还分为参评企业和不参评企业。

【温馨提示】

以下3类企业不参评，但可申请补评级别：

(1) 因涉嫌税收违法被立案查处尚未结案的；因涉嫌税收违法被移送公安机关或被公安机关直接立案查处，根据税务管理系统中的移送记录或被立案记录确定。被税务稽查部门立案检查的，不属于该情形，应纳入本期评价范围。尚未结案是指：在评价年度12月31日前，税务管理系统中有移送记录或被立案记录而没有已结案的记录。

(2) 被审计、财政部门依法查出税收违法行为，税务机关正在依法处理，尚未办结的；在评价年度12月31日前，税务管理系统中有在办、在流转处理的记录而没有办结的记录。

(3) 已申请税务行政复议、提起行政诉讼尚未结案的。在评价年度12月31日前，税务管理系统中有受理复议、提起诉讼的记录而没有结案的记录。

二、直接定D级的情形

(一)《信用管理办法》第二十条的规定

(1) 存在逃避缴纳税款、逃避追缴欠税、骗取出口退税、虚开增值税专用发票等行为，经判决构成涉税犯罪的；以判决结果在税务管理系统中的记录日期确定判D级的年度，同时要追溯调整税款所属期的信用级别。

(2) 存在前项所列行为，未构成犯罪，但偷税(逃避缴纳税款)金额10万元以上且占各税种应纳税总额10%以上，或者存在逃避追缴欠税、骗取出口退税、虚开增值税专用发票等税收违法行为，已缴纳税款、滞纳金、罚款的；以判决结果在税务管理系统中的记录日期确定判D级的年度，同时要追溯调整税款所属期的信用级别。

(3) 在规定期限内未按税务机关处理结论缴纳或者足额缴纳税款、滞纳金和罚款的；以该情形在税务管理系统中的记录日期确定判D级的年度，此部分税款指评估、审计、稽查信息，纳税人自行申报未按规定期限缴纳的税款，5万元以上(含)扣11分，5万元以下的扣3分。

(4) 以暴力、威胁方法拒不缴纳税款或者拒绝、阻挠税务机关依法实施税务稽查执法行为的；以该情形在税务管理系统中的记录日期确定判D级的年度，同时要追溯调整行为发生年度的信用级别。

(5) 存在违反增值税发票管理规定或者违反其他发票管理规定的行为，导致其他单位或者个人未缴、少缴或者骗取税款的；以该情形在税务管理系统中的记录日期确定判D级的年度，同时要追溯调整行为发生年度的信用级别。

【延展阐述】

违反增值税发票管理规定或者违反其他发票管理规定的行为，具体包括：

（1）虚开增值税专用发票或非善意接收虚开增值税专用发票的。

（2）非法代开发票的；私自印制、伪造、变造发票，非法制造发票防伪专用品，伪造发票监制章的；转借、转让、介绍他人转让发票、发票监制章和发票防伪专用品的。

（3）知道或者应当知道是私自印制、伪造、变造、非法取得或者废止的发票而受让、开具、存放、携带、邮寄、运输的。

（4）违反增值税专用发票管理规定或者违反发票管理规定，导致其他单位或者个人未缴、少缴或者骗取税款的。

（6）提供虚假申报材料享受税收优惠政策的；以该情形在税务管理系统中的记录日期确定判D级的年度，同时要追溯调整行为发生年度的信用级别。

（7）骗取国家出口退税款，被停止出口退（免）税资格未到期的；在评价年度内，被停止出口退（免）税资格未到期。

（8）有非正常户记录或者由非正常户直接责任人员注册登记或者负责经营的；有非正常户记录是指：在评价年度12月31日为非正常状态。

【延展阐述】

由非正常户直接责任人员注册登记或者负责经营的是指：由非正常户直接责任人员在认定为非正常户之后注册登记或负责经营的企业，在纳入纳税信用管理的当年即纳入评价范围，且直接判为D级。

（9）由D级纳税人的直接责任人员注册登记或者负责经营的；由D级纳税人的直接责任人员在被评价为D级之后注册登记或者负责经营的企业，在纳入纳税信用管理的当年即纳入评价范围，且直接判为D级。

（10）存在税务机关依法认定的其他严重失信情形的。主要指《关于对重大税收违法案件当事人实施联合惩戒措施的合作备忘录》对税务机关公布的重大税收违法案件信息中所列明的当事人，纳税信用级别直接判为D级。

【延展阐述】

《国家税务总局关于修订〈重大税收违法案件信息公布办法（试行）〉的公告》（国家税务总局公告2016年第24号）第六条，“重大税收违法案件”是指符合下列标准的案件：

（1）纳税人伪造、变造、隐匿、擅自销毁账簿、记账凭证，或者在账簿上多列支出或者不列、少列收入，或者经税务机关通知申报而拒不申报或者进行虚假的纳税申报，不缴或者少缴应纳税款，查补税款金额100万元以上，且任一年度查补税额占当年各税种应纳税总额10%以上。

(2) 纳税人欠缴应纳税款,采取转移或者隐匿财产的手段,妨碍税务机关追缴欠缴的税款,欠缴税款金额100万元以上的。

(3) 以假报出口或者其他欺骗手段,骗取国家出口退税款的。

(4) 以暴力、威胁方法拒不缴纳税款的。

(5) 虚开增值税专用发票或者虚开用于骗取出口退税、抵扣税款的其他发票的。

(6) 虚开普通发票100份或者金额40万元以上的。

(7) 私自印制、伪造、变造发票,非法制造发票防伪专用品,伪造发票监制章的。

(8) 虽未达到上述标准,但违法情节严重、有较大社会影响的。

符合前款规定的重大税收违法案件,由税务稽查局作出了《税务处理决定书》或《税务行政处罚决定书》,且当事人在法定期间内没有申请行政复议或者提起行政诉讼,或者经行政复议或法院裁判对此案件最终确定效力后,按本办法处理。

(二) 关于D级评价的保留

(1) 上一评价年度按照评价指标被评价为D级的企业,本评价年度保留D级评价,次年不得评为A级。

(2) D级企业直接责任人在企业被评价为D级之后注册登记或者负责经营的企业评价为D级(简称关联D)。关联D只保留一年,次年度根据《信用管理办法》规定重新评价但不得评为A级。

(3) 因存在逃避缴纳税款、逃避追缴欠税、骗取出口退税、虚开增值税专用发票等行为,经判决构成涉税犯罪的,未构成犯罪,但偷税(逃避缴纳税款)金额10万元以上且占各税种应纳税总额10%以上,或者存在逃避追缴欠税、骗取出口退税、虚开增值税专用发票等税收违法行为,已缴纳税款、滞纳金、罚款的,以暴力、威胁方法拒不缴纳税款或者拒绝、阻挠税务机关依法实施税务稽查执法行为的,存在违反增值税发票管理规定或者违反其他发票管理规定的行为,导致其他单位或者个人未缴、少缴或者骗取税款的,提供虚假申报材料享受税收优惠政策的被直接判为D级的,主管税务机关应调整其以前年度纳税信用级别为D级,该D级评价(简称动态D)不保留到下一年度。

三、不影响纳税信用的情况

(1) 由于税务机关原因或者不可抗力,造成纳税人未能及时履行纳税义务的。

(2) 非主观故意的计算公式运用错误以及明显的笔误造成未缴或者少缴税款的;如纳税人在填写纳税申报表时,多写或少写数字,导致申报差错。

(3) 国家税务总局认定的其他不影响纳税信用评价的情形。

四、不能评A级的情形

《信用管理办法》第十九条规定,有下列情形之一的纳税人,本评价年度不能评为

A级：

（1）实际生产经营期不满3年的。

（2）上一评价年度纳税信用评价结果为D级的。[纳税人2014年纳税信用评价结果为D级，2015年纳税信用评价结果为D级(关联D)，2016年不能为A(评价分值在90分以上不能为A，评价分值低于90分时，按分值对应评级结果)]。

（3）非正常原因一个评价年度内增值税或营业税连续3个月或者累计6个月零申报、负申报的；(正常原因是指季节性生产经营、享受政策性减免税等正常情况原因。非正常原因是除上述原因外的其他原因。按季申报视同连续3个月)。

（4）不能按照国家统一的会计制度规定设置账簿，并根据合法、有效凭证核算，向税务机关提供准确税务资料的。

（5）被工商部门列入经营异常名录和严重违法失信企业名单的当事人不得评为纳税信用A级。[《国家税务总局关于落实〈失信企业协同监管和联合惩戒合作备忘录〉有关事项的通知》(税总函〔2015〕625号)]

第二节　年度信用评价

一、评价方式

年度评价指标得分采取扣分方式。纳税人评价年度内经常性指标和非经常性指标信息齐全的，从100分起评；非经常性指标缺失的，从90分起评。

非经常性指标缺失是指：在评价年度内，税务管理系统中没有纳税评估、大企业税务审计、反避税调查或税务稽查出具的决定(结论)文书的记录。

二、纳税信用级别

纳税信用级别为A、B、M、C、D五级。A级纳税信用为年度评价指标得分90分以上的；B级纳税信用为年度评价指标得分70分以上不满90分的；M级纳税信用适用未发生《信用管理办法》第二十条规定直接定D情形的新设立企业和评价年度内无生产经营业务收入且年度评价指标得分70分以上的企业；C级纳税信用为年度评价指标得分40分以上不满70分的；D级纳税信用为年度评价指标得分不满40分或者直接判级确定的。

三、信息的采集

根据《信用管理办法》第十三条的规定，税务内部信息从税务管理系统中采集，采集的信息记录截止时间为评价年度12月31日(含本日,下同)。主管税务机关遵循"无记录不评价,何时(年)记录、何时(年)评价"的原则,使用税务管理系统中纳税人的纳税信用信息,按照规定的评价指标和评价方式确定纳税信用级别。

四、信用评价信息的范围

纳税信用信息包括纳税人信用历史信息、税务内部信息、外部信息。纳税信用采集工作由国家税务总局和省级税务机关组织实施按月采集。

五、信息采集渠道

纳税信用评价信息主要通过税务管理系统获取,外部信息可国家统一信用信息平台、相关部门官方网站、新闻媒体或者媒介等渠道采集,纳税人信用历史信息中的基本信息若税务管理系统中暂缺的由税务机关通过纳税人申报采集。

六、评价结果的确定和发布

遵循谁评价、谁确定、谁发布的原则,纳税人主管税务机关负责纳税信用的评价、确定和发布,上级税务机关汇总公布评价结果,国、地税务机关分别发布,不联合发布。采用通告的文体发布,不联合落款。每年4月按照总局统一的时间对外发布,发布内容包括:纳税人识别号、纳税人名称、评价年度、纳税人主管税务机关。税务总局、省税务机关、市税务机关通过门户网站(或子网站)汇总公布管辖范围内的A级纳税人信息。复评、补评及时发布变化情况的通告,汇总发布的单位按月更新复评、补评的信息。

【温馨提示】

在评价结果公布前(每年1月至4月),发现评价为A级的纳税人已注销或被税务机关认定为非正常户的,其评价结果不予发布。

七、信用信息的公开

A级评价结果主动公开,B、M、C、D级有序开放(根据备忘录、共享协议开放)。

【延展阐述】

重大税收违法案件信息的公开:

(1) 公开渠道。

省以下税务机关应及时将符合公布标准的案件信息录入重大税收违法案件公布信息系统(案件信息一经录入重大税收违法案件公布信息系统,将作为纳税人的纳税信用记录永久保存),通过省税务机关门户网站向社会公布,同时可以根据本地区实际情况,通过本级税务机关公告栏、报纸、广播、电视、网络媒体等途径以及新闻发布会等形式向社会公布。

国家税务总局门户网站设立专栏链接省税务机关门户网站的公布内容。

(2) 公开的内容。

对法人或者其他组织:公布其名称,统一社会信用代码或纳税人识别号,注册地址,法定代表人、负责人或者经法院判决确定的实际责任人的姓名、性别及身份证号码(隐去出生年、月、日号码段,下同),经法院判决确定的负有直接责任的财务人员的姓名、性别及身份证号码(法人或者其他组织的法定代表人、负责人与违法事实发生时的法定代表人、负责人不一致的,应一并公布,并对违法事实发生时的法定代表人、负责人进行标注)。

对自然人:公布其姓名、性别、身份证号码;主要违法事实;适用相关法律依据;税务处理、税务行政处罚情况;实施检查的单位;对公布的重大税收违法案件负有直接责任的涉税专业服务机构及从业人员,税务机关可以依法一并公布其名称、统一社会信用代码或纳税人识别号、注册地址,以及直接责任人的姓名、性别、身份证号码、职业资格证书编号。

不对外公开的特例:纳税人伪造、变造、隐匿、擅自销毁账簿、记账凭证,或者在账簿上多列支出或者不列、少列收入,或者经税务机关通知申报而拒不申报或者进行虚假的纳税申报,不缴或者少缴应纳税款,查补税款金额100万元以上,且任一年度查补税额占当年各税种应纳税总额10%以上;纳税人欠缴应纳税款,采取转移或者隐匿财产的手段,妨碍税务机关追缴欠缴的税款,欠缴税款金额100万元以上的纳税人税能按照《税务处理决定书》《税务行政处罚决定书》缴清税款、滞纳金和罚款的,经实施检查的税务机关决定,只将案件信息录入重大税收违法案件公布信息系统,不向社会公布该案件信息

(3) 公开信息的撤出。

① 案件信息已经向社会公布后,当事人,能按照《税务处理决定书》《税务行政处罚决定书》缴清税款、滞纳金和罚款的,停止公布并从公告栏中撤出,并将缴清税款、滞纳金和罚款的情况通知实施联合惩戒和管理的部门。

② 重大税收违法案件信息自公布之日起满2年的,停止公布并从公告栏中撤出。

第三节　激励和惩戒措施

一、取消增值税发票认证

(1) 自2016年3月1日起,纳税信用A级纳税人取得销售方使用增值税发票系统升级版开具的增值税发票(包括增值税专用发票、货物运输业增值税专用发票、机动车销售统一发票,下同),可以不再进行扫描认证,通过增值税发票税控开票软件登录本省增

值税发票查询平台，查询、选择用于申报抵扣或者出口退税的增值税发票信息。纳税人取得增值税发票，通过增值税发票查询平台未查询到对应发票信息的，仍可进行扫描认证。

（2）自2016年5月1日起继续扩大取消增值税发票认证的纳税人范围：纳税信用B级增值税一般纳税人取得销售方使用新系统开具的增值税发票（包括增值税专用发票、货物运输业增值税专用发票、机动车销售统一发票，下同），可以不再进行扫描认证，登录本省增值税发票查询平台，查询、选择用于申报抵扣或者出口退税的增值税发票信息，未查询到对应发票信息的，仍可进行扫描认证。2016年5月1日新纳入营改增试点的增值税一般纳税人，2016年5月至7月期间不需进行增值税发票认证，登录本省增值税发票查询平台，查询、选择用于申报抵扣或者出口退税的增值税发票信息，未查询到对应发票信息的，可进行扫描认证。2016年8月起按照纳税信用级别分别适用发票认证的有关规定。

（3）自2016年12月1日起，将取消增值税发票认证的纳税人范围由纳税信用A级、B级的增值税一般纳税人扩大到纳税信用C级的增值税一般纳税人。对2016年5月1日新纳入营改增试点、尚未进行纳税信用评级的增值税一般纳税人，2017年4月30日前不需进行增值税发票认证，登录本省增值税发票选择确认平台，查询、选择、确认用于申报抵扣或者出口退税的增值税发票信息，未查询到对应发票信息的，可进行扫描认证。

（4）自2018年4月1日起，对纳税信用评价为M级的企业取消增值税专用发票认证。

二、简并发票领用次数

纳税信用A级的纳税人可一次领取不超过3个月的增值税发票用量，纳税信用B级的纳税人可一次领取不超过2个月的增值税发票用量。以上两类纳税人生产经营情况发生变化，需要调整增值税发票用量，手续齐全的，按照规定即时办理。（A级纳税人从2014年10月1日起实施，B级纳税人从2016年12月1日起实施）

三、出口企业管理优惠措施

纳税信用A级出口企业可评为出口企业管理一类企业。评为出口管理一类企业的A级纳税人，享受以下便利措施：

（1）国税机关受理出口退（免）税正式申报后，经核对申报信息齐全无误的，即可办理出口退（免）税。

（2）可优先安排该类企业办理出口退税。

（3）国税机关可向该类企业提供绿色办税通道（特约服务区），并建立重点联系制度，指定专人负责并定期联系企业。

四、C、D级纳税人不能享受的税收优惠

(1) 纳税人销售自产的新型墙体材料,不能享受增值税即征即退 50%的政策。

(2) 纳税人销售自产的资源综合利用产品和提供资源综合利用劳务,不享受增值税即征即退政策。

(3) 对安置残疾人的单位和个体工商户(以下称纳税人),实行由税务机关按纳税人安置残疾人的人数,限额即征即退增值税的办法。安置的每位残疾人每月可退还的增值税具体限额,由县级以上税务机关根据纳税人所在区县(含县级市、旗,下同)适用的经省(含自治区、直辖市、计划单列市,下同)人民政府批准的月最低工资标准的 4 倍确定。

五、部门联合奖惩

(1) 对纳税信用 A 级纳税人在项目管理、税收服务、融资授信、进出口等 18 个领域实施 41 项守信联合激励措施。2016 年 7 月底前实现 A 级纳税人信息共享和联合激励。

(2) 对海关高级认证企业。增值税发票领用比照纳税信用 A 级纳税人办理(可一次领取 3 个月的增值税发票用量,需要调整增值税发票用量的,纳税人提供资料齐全的,按照需要即时办理)。

由税务机关提供绿色通道或专门人员帮助办理涉税事项。符合条件的海关高级认证企业,其出口(免)税企业分类管理类别可评定为一类,国税机关可为该类企业提供绿色办税通道,优先办理出口退税,并建立重点联系制度,及时解决企业有关出口退(免)税问题。国税机关受理该类企业申报的出口退(免)税之后,经审核符合规定的,在 5 个工作日内办结出口退(免)税手续。增值税一般纳税人取消增值税发票认证。

(3) 对涉金融严重失信人名单的当事人、农资领域严重失信生产经营单位、最高人民法院公布的失信被执行人,在享受税收优惠政策时作审慎性参考。

第四节　补评和复评

一、补评的对象

无评价结果的,如年度评价时纳税人因产案未结案未参与纳税信用评价的、相关情形已经解除的、对当期未予评价有异议的。

二、补评的要求

主管税务机关应自受理申请之日起 15 个工作日内完成补评工作,并向纳税人反馈

纳税信用评价信息或提供评价结果的自我查询服务。

三、复评的对象

有评价结果，但对评价结果有异议的纳税人。

四、复评申请的发起

在纳税信用评价结果确定的当年内发起复评申请。跨年不受理。

五、复评的要求

自受理申请之日起15个工作日内完成复评工作，并向纳税人反馈纳税信用复评信息或提供复评结果的自我查询服务。

主管税务机关应于每月前5个工作日内将纳税信用补评、复评情况层报至省税务机关备案，并发布A级纳税人变动情况通告。省税务机关应及时更新税务网站公布的纳税信用评价信息，并于每月前10个工作日内将A级纳税人变动情况报送税务总局。

【案例解说】

2017年6月，Z市国税局稽查局分别完成对辖区内甲企业、乙企业的税务稽查(均已下达《税务处理决定书》和《税务行政处罚决定书》，且当事人在法定期限内没有申请行政复议或者提起行政诉讼)。查处结果如下：

甲企业2014年采取在账簿上多列支出或者不列、少列收入，少缴应纳税款110万元，查补税额占当年各税种应纳税总额15%，查补税款、滞纳金及罚款已及时足额入库。

乙企业为外贸出口企业，2016年11月虚开普通发票2份导致其他单位少缴税款，虚开金额合计45万元，截至目前处罚罚款仍未入库。

在2014—2016年连续三个年度的纳税信用等级评定中，甲、乙企业均被评为B级信用纳税人。

1. 本题中，应当将重大税收违法案件向社会公布的渠道包括(　　)。

A. Z市国税局办税服务厅公告栏　　B. Z市电视台

C. 省国税局门户网站　　D. Z市国税局门户网站

【参考答案】 ABC

【答案解析】 根据《国家税务总局关于修订〈重大税收违法案件信息公布办法(试行)〉的公告》(国家税务总局公告2016年第24号)第八条，省以下税务机关应及时将符合公布标准的案件信息录入重大税收违法案件公布信息系统，通过省税务机关门户网站向社会公布，同时可以根据本地区实际情况，通过本级税务机关公告栏、报纸、广播、电视、网络媒体等途径以及新闻发布会等形式向社会公布。国家税务总局门户网站设立专栏链接省税务机关门户网站的公布内容。根据《国家税务总局关于加强税务网站建设的实施意见》(税总发〔2015〕69号)推进两级集中建设。全国税务网站按照税务总局和省税务机关两级集中建设,国家税务总局、省税务机关内设机构、直属单位及市、县税务机关不得单独建设网站平台,市税务机关在省税务机关网站平台上建设子站,县税务机关在市税务机关子站上建设信息公开栏目,按职责实行分级管理和维护。因此省以下税务机关没有自身的门户网站。

2. 现在要向社会公布重大税收违法案件信息,下列说法正确的有(　　)。

A. 甲企业案件信息只录入重大税收违法案件公布信息系统,不向社会公布该案件信息

B. 甲企业案件信息必须向社会公布

C. 乙企业案件信息必须向社会公布

D. 乙企业案件信息无须向社会公布

【参考答案】 AC

【答案解析】 根据《国家税务总局关于修订〈重大税收违法案件信息公布办法(试行)〉的公告》(国家税务总局公告2016年第24号)第六条"重大税收违法案件"是指符合下列标准的案件:①纳税人伪造、变造、隐匿、擅自销毁账簿、记账凭证,或者在账簿上多列支出或者不列、少列收入,或者经税务机关通知申报而拒不申报或者进行虚假的纳税申报,不缴或者少缴应纳税款,查补税款金额100万元以上,且任一年度查补税额占当年各税种应纳税总额10%以上;②纳税人欠缴应纳税款,采取转移或者隐匿财产的手段,妨碍税务机关追缴欠缴的税款,欠缴税款金额100万元以上的;③以假报出口或者其他欺骗手段,骗取国家出口退税款的;④以暴力、威胁方法拒不缴纳税款的;⑤虚开增值税专用发票或者虚开用于骗取出口退税、抵扣税款的其他发票的;⑥虚开普通发票100份或者金额40万元以上的;⑦私自印制、伪造、变造发票,非法制造发票防伪专用品,伪造发票监制章的;⑧虽未达到上述标准,但违法情节严重、有较大社会影响的。符合前款规定的重大税收违法案件,由税务稽查局作出了《税务处理决定书》或《税务行政处罚决定书》,且当事人在法定期间内没有申请行政复议或者提起行政诉讼,或者经行政复议或法院裁判对此案件最终确定效力后,按本办法处理。第九条,符合本办法第六条第一款第一项、第二项规定的重大税收违法案件的当事人,能按照《税务处理决定书》《税务行政处罚决定书》缴清税款、滞纳金和罚款的,经实施检查的税务机关决定,只将案件信息录入重大税收违法案件公布信息系统,不向社会公布该案件信息。

3. 纳税人的重大税收违法案件公布后,应停止公布并从公告栏中撤出的情形包括(　　)。

A. 缴清税款、滞纳金和罚款的

B. 提供纳税担保的

C. 积极制定清欠计划并获主管税务机关批准的

D. 自公布之日起满2年的

【参考答案】 AD

【答案解析】 根据《重大税收违法案件信息公布办法(试行)》(国家税务总局公告2016年第24号)第九条,符合本办法第六条第一款第一项、第二项规定的重大税收违法案件的当事人,能按照《税务处理决定书》《税务行政处罚决定书》缴清税款、滞纳金和罚款的,经实施检查的税务机关决定,只将案件信息录入重大税收违法案件公布信息系统,不向社会公布该案件信息。案件信息已经向社会公布后,当事人符合前款规定的,经实施检查的税务机关决定,停止公布并从公告栏中撤出,并将缴清税款、滞纳金和罚款的情况通知实施联合惩戒和管理的部门。第十条,重大税收违法案件信息自公布之日起满2年的,从公布栏中撤出。

4. 对于甲企业纳税信用等级,下列说法正确的有( )。

A. 主管税务机关应将甲企业2014年度信用级别由B级调整为D级,同时将2015年度信用级别也调整为D级

B. 甲企业2016年度信用级别不作调整

C. 主管税务机关完成动态调整工作后,于每月初5个工作日内将动态调整情况层报至省税务机关备案

D. 主管税务机关应及时发布甲企业信用等级变动情况通告

【参考答案】 BC

【答案解析】 根据《国家税务总局关于完善纳税信用管理有关事项的公告》(国家税务总局公告2016年第9号),因税务检查等发现纳税人以前评价年度存在直接判为D级情形的,主管税务机关应调整其相应评价年度纳税信用级别为D级,并记录动态调整信息,该D级评价不保留至下一年度。主管税务机关完成动态调整工作后,于次月初5个工作日内将动态调整情况层报至省税务机关备案,并发布A级纳税人变动情况通告。省税务机关据此更新税务网站公布的纳税信用评价信息,于每月上旬将A级纳税人变动情况汇总报送税务总局(纳税服务司)。

5. 对于乙企业纳税信用等级,下列说法正确的有( )。

A. 2016年度信用等级不作调整

B. 2016年度信用等级应调整为D级

C. 2017年度信用等级应直接判定为D级

D. 2018年度信用等级应为D级

【参考答案】 BCD

【答案解析】 根据《信用管理办法》《国家税务总局关于发布〈纳税信用评价指标和评价方式(试行)〉的公告》(国家税务总局公告2016年48号)的规定,纳税人违反发票管

理规定，导致其他单位、个人未缴、少缴税款的直接判D级，《国家税务总局关于完善纳税信用管理有关事项的公告》（国家税务总局公告2016年第9号）中规定，因税务检查等发现纳税人以前评价年度存在直接判为D级情形的，主管税务机关应调整其相应评价年度纳税信用级别为D级，并记录动态调整信息，该D级评价不保留至下一年度。根据《国家税务总局关于修订〈重大税收违法案件信息公布办法（试行）〉的公告》（国家税务总局公告2016年第24号）第六条，"重大税收违法案件"是指符合下列标准的案件：虚开普通发票100份或者金额40万元以上的，乙企业列入重大税收违法案件名单；第十二条，对按该办法公布的当事人，依法采取以下措施：纳税信用级别直接判为D级，适用相应的D级纳税人管理措施。

6. 2017年对甲、乙两户企业的惩戒措施，下列不正确的有（　　）。

A. 对甲、乙企业的法定代表人2017年1月1日注册登记的其他纳税人纳税信用直接判为D级

B. 甲企业增值税专用发票领用按辅导期一般纳税人政策办理

C. 乙企业法定代表人2017年8月新成立的出口企业，其出口企业管理类别应评为四类

D. 乙企业出纳刘某预定2017年8月底出国旅游，届时将被阻止出境

【参考答案】 ABD

【答案解析】 根据《出口退（免）税企业分类管理办法》（国家税务总局公告2016年第46号）第七条："具有下列情形之一的出口企业，其出口企业管理类别应评定为四类：（一）评定时纳税信用级别为D级。"

【政策依据】

1.《国家税务总局关于发布〈纳税信用管理办法（试行）〉的公告》（国家税务总局公告2014年第40号）

2.《国家税务总局关于发布〈纳税信用评价指标和评价方式（试行）〉的公告》（国家税务总局公告2014年第48号）

3.《国家税务总局关于明确纳税信用管理若干业务口径的公告》（国家税务总局公告2015年第85号）

4.《国家税务总局关于明确纳税信用补评和复评事项的公告》（国家税务总局公告2015年第46号）

5.《财政部　国家税务总局关于关于新型墙体材料增值税政策的通知》（财税〔2015〕73号）

6.《财政部　国家税务总局关于印发〈资源综合利用产品和劳务增值税优惠目录〉的通知》（财税〔2015〕78号）

7.《国家税务总局关于纳税信用A级纳税人取消增值税发票认证有关问题的公告》(国家税务总局公告2016年第7号)

8.《国家税务总局关于完善纳税信用管理有关事项的公告》(国家税务总局公告2016年第9号)

9.《国家税务总局关于全面推开营业税改征增值税试点有关税收征收管理事项的公告》(国家税务总局公告2016年第23号)

10.《国家税务总局关于修订〈重大税收违法案件信息公布办法(试行)〉的公告》(国家税务总局公告2016年第24号)

11.《国家税务总局关于按照纳税信用等级对增值税发票使用实行分类管理有关事项的公告》(国家税务总局公告2016年71号)

12.《关于印发〈关于对纳税信用A级纳税人实施联合激励措施的合作备忘录〉的通知》(发改财金〔2016〕1467号)

13.《财政部 国家税务总局关于促进残疾人就业增值税优惠政策的通知》(财税〔2016〕52号)

14.《国家税务总局关于纳税信用评价有关事项的公告》(国家税务总局公告2018年第8号)

第四章

纳税人权益保护

第一节　纳税服务投诉

纳税人(含扣缴义务人和其他涉税当事人)认为税务机关及其工作人员在履行纳税服务职责过程中未提供规范、文明的纳税服务或者侵犯其合法权益,向税务机关进行投诉,税务机关办理纳税人投诉事项。

对依法应当通过税务行政复议、诉讼等法定途径解决的事项,应当依照有关法律、行政法规的规定办理。

一、纳税服务投诉的范围

纳税服务投诉包括服务态度投诉、服务质效投诉、侵害纳税人合法权益投诉三类。

(一) 服务态度投诉

纳税人认为税务机关工作人员在履行纳税服务职责过程中工作用语、行为举止不符合文明服务规范要求而进行的投诉。

【温馨提示】

服务态度投诉具体包括使用服务忌语、态度恶劣、举止违反文明礼仪服务的其他要求。

(二) 服务质效投诉

纳税人认为税务机关及其工作人员办理涉税业务时,未能提供规范、高效的服务而进行的投诉。

【温馨提示】

服务质效投诉具体包括:

(1) 未按规定时限办理、回复。

（2）未履行一次性告知制。

（3）未落实首问责任制（涉税业务办理、纳税咨询、服务投诉和税收工作建议）。

（4）未按照办税公开要求的范围、程序或者时限，公开相关税收事项和具体规定。

（5）未能为纳税人提供适当的查询服务。

（6）违反纳税服务规范其他要求（如纳税人办理涉税事项提供资料齐全，应受理未受理）。

（三）侵害纳税人合法权益投诉

纳税人认为税务机关及其工作人员在履行纳税服务职责过程中未依法执行现行税收法律法规规定，侵害纳税人的合法权益而进行的投诉。

【温馨提示】

侵害纳税人合法权益投诉具体包括：

（1）泄露纳税人商业秘密或者个人隐私。

（2）擅自要求纳税人提供规定以外资料。

（3）碍纳税人行使纳税申报方式选择权。

（4）妨碍纳税人依法要求行政处罚听证、申请行政复议以及请求行政赔偿。

（5）同一税务机关违反规定，在一个纳税年度内，对同一纳税人就同一事项实施超过 1 次纳税评估或者超过 2 次税务检查（投诉对象是税务机关）。

（6）强制纳税人出具涉税鉴证报告，违背纳税人意愿强制代理、指定代理。

（7）其他违反规定或者违背公开承诺侵害纳税人合法权益的。

【延展阐述】

税务行政复议的范围：

（1）征税行为，包括：①确认纳税主体、征税对象、征税范围、减税、免税、退税、抵扣税款、适用税率、计税依据、纳税环节、纳税期限、纳税地点和税款征收方式等具体行政行为；②征收税款、加收滞纳金；③扣缴义务人、受税务机关委托的单位和个人作出的代扣代缴、代收代缴、代征行为等。（注：只能复议）

（2）行政许可、行政审批行为。（注：税务机关受理、办理行政许可和行政审批时未按规定受理、未按规定时限办结、对补正资料未进行一次性告知的行为，纳税人可以就纳税质效提起纳税服务投诉，要求纳税多提供资料以属于侵害纳税人权益的行为，纳税人可以就侵害纳税人的合法权益而进行的投诉。对税务机关作出的行政许可、行政审批决定不符的，申请行政复议）

（3）发票管理行为，包括发售、收缴、代开发票等。

（4）税收保全措施、强制执行措施。（注：只能复议）

(5) 行政处罚行为，包括罚款、没收财物和违法所得、停止出口退税权。(注：行政处罚行为结果只能复议，对处罚过程中的未按规定举行听证可以提起纳税服务投诉)

(6) 不依法履行下列职责的行为，包括颁发税务登记证，开具、出具完税凭证、外出经营活动税收管理证明，行政赔偿，行政奖励，其他不依法履行职责的行为。

(7) 资格认定行为。

(8) 不依法确认纳税担保行为。

(9) 政府信息公开工作中的具体行政行为。

(10) 纳税信用等级评定行为。(注：对评价结果申请补评、复评，也可以申请行政复议，补评、复评的过程不受理、不按规定时限办理可以提起纳税服务投诉)

(11) 通知出入境管理机关阻止出境行为。(注：只能申请复议)

(12) 其他具体行政行为。

二、纳税服务投诉的提交

(一) 投诉提交方式

纳税人可通过网络、电话、信函或者当面等方式提出纳税服务投诉，应当采用实名投诉。

【延展阅述】

(1) 纳税人采取电话或面对面方式进行投诉，税务机关要在告知纳税人的情况下，才能可以对投诉内容进行录音或录像。

(2) 纳税人的投诉可向本级税务机关提交，也可向对投诉对象具有管辖权的上级税务机关提交，可跨级别提交(如在 A 市 B 区局发生的投诉事项，不能向 C 市局投诉，B 市局接到纳税人的反映后，告知纳税正确的投诉渠道，如向 B 区局、A 市局、省局投诉)。

(3) 已就具体行政行为申请行政复议或行政诉讼，且被依法受理的，不可同时进行纳税服务投诉，但具体行政行为同时涉及纳税服务态度问题的，可就纳税服务态度问题单独向税务机关进行投诉。

(二) 投诉要件

(1) 投诉人的姓名(名称)、有效联系方式。

(2) 被投诉单位名称或者被投诉个人的相关信息及其所属单位。

(3) 投诉请求、主要事实、理由。

三、纳税服务投诉受理

(一) 受理部门

县级以上税务机关的纳税服务管理部门具体办理纳税服务投诉事项，负责受理、调查、处理纳税服务投诉，各级税务机关应当配备专门人员从事纳税服务投诉管理工作。

（二）受理范围

实名投诉，且投诉要件符合要求的应受理；匿名投诉的事实清楚、理由充分，有明确的被投诉人，投诉内容具有典型性应受理。

【延展阐述】

不予受理的服务投诉：

（1）违反法律、法规、规章有关规定。

（2）针对出台的法律、法规、规章和规范性文件规定进行投诉（纳税人对税务机关作出的辅导期管理决定有异议提起的投诉可以受理，对税务机关作出辅导期管理所依据的文件依据有异议提起的投诉不予受理）。

（3）税务机关已处理完毕的相同事项进行投诉，经上级税务机关复核后维持原处理决定。

（4）投诉事实不清，没有具体诉求或者有效联络方式，导致无法核实办理的。

（5）不属于纳税服务投诉范围的其他情形。

（三）受理时间

（1）税务机关收到纳税人投诉后，2个工作日进行审查，决定是否受理。

（2）对不予受理的实名投诉要以适当的形式告知投诉人，并说明理由。

（3）税务机关在2个工作日内未作出不予受理的决定，也未转相关部门处理的，自收到投诉之日起视为受理（注：投诉处理时限的起点是收到投诉之日，而不是作出受理决定之日）。

【温馨提示】

（1）上级税务机关认为下级税务机关应当受理投诉而不受理或者不予受理的理由不成立的，可以责令其受理；认为有必要的可以直接受理应由下级税务机关受理的纳税服务投诉。

（2）同一投诉事项涉及两个（含）以上税务机关的，应当由首诉税务机关牵头协调处理。首诉税务机关协调不成功的，应当向上级税务机关申请协调处理。

四、纳税服务投诉的处理

（一）基本要求

（1）属于纳税服务投诉事项，且投诉要件齐全的，按照“属地管理、分级负责”的原则处理。

（2）对投诉要件不全的，及时与投诉人取得联系，补正后予以受理。

（3）不属于纳税服务投诉管理办法规定范围内的投诉事项分别依照相关规定告知投诉人向有权处理的部门投诉或者转有权处理的部门处理。

（4）建立纳税服务投诉事项登记制度，将投诉时间、投诉人、被投诉人、联系方式、投诉内容、受理情况以及办理结果等有关内容录入《纳税服务投诉事项处理表》。

（二）纳税服务投诉的调查

（1）调查、处理投诉事项，应本着注重调解、化解争议的原则进行。

（2）调查、处理应由两名以上工作人员参加，调查、处理人员应当为投诉人保密（不包括被投诉人），调查、处理人员与投诉事项、被投诉人有利害关系的，应当回避。

（3）调查、处理人员应当充分听取投诉人、被投诉人的意见，查阅文件资料，调取有关证据，必要的可进行实地核查。

【延展阅述】

目前，税务机关在处理纳税服务投诉时可借助办税服务场所视频监控系统等，调取、回放过程视频，还原场景进行核实；也可年邀请第三方（如政务服务中心负责人、特邀兼职监察员等）全程参与与纳税人的座谈；设立纳税服务争议处理室（设有视频监控，在调解前要争得纳税人的同意）与纳税人做好沟通。

（4）发生下列情形之一的，应当终结调查：

① 投诉事实经查不属于纳税服务投诉事项的。

② 投诉内容不具体，无法联系投诉人或者投诉人拒不配合调查，导致无法调查核实的。

③ 投诉人自行撤销投诉，经核实，确实不需要进一步调查的。

（三）纳税服务投诉结果处理

根据调查核实的情况，对纳税人投诉的事项分别作出如下处理：

（1）投诉情况属实的，责令被投诉人限期改正，并视情节轻重分别给予被投诉人相应的处理。

（2）情况不属实的，向纳税人说明理由。

（四）纳税服务投诉办理时间

（1）纳税人因服务态度不满进行的纳税服务投诉事项应当在10个工作日内办结。

（2）纳税人因服务质效和侵犯权益进行的纳税服务投诉事项，应当在20个工作日内办结。

（3）情况复杂的，经受理税务机关纳税服务部门负责人批准，可以适当延长办理期限，但延长期限不得超过15个工作日，并以适当形式告知投诉人。

（4）纳税人当场提出投诉，事实简单、清楚，不需要进行调查的，税务机关可以即时进行处理，事后应当补填《纳税服务投诉事项处理表》进行备案。

【延展阅述】

(1) 被投诉人应当按照责令改正要求的限期，对投诉事项予以改正，并自限期期满之日起3个工作日内将改正结果书面报告作出处理决定的税务机关。

(2) 当场投诉事实成立的，被投诉人应当立即停止或者改正被投诉的行为，并向纳税人赔礼道歉，税务机关应当视情节轻重给予被投诉人相应处理；投诉事实不成立的，处理投诉事项的税务机关工作人员应当向纳税人说明理由。

(五) 纳税服务投诉回访

(1) 税务机关在投诉事项办理结束后，应当对留下有效联系方式的实名投诉人进行回访。

(2) 投诉人对处理结果不满意的，税务机关应当分析原因，并决定是否开展补充调查。

五、纳税服务投诉系统处理

(一) 登记

在热线系统中点击“来电登记”“现场受理”“其他来源登记”或“网站来源登记”进入登记页面，在业务类别上选择投诉，在登记页面上会显示接收方式，信息来源，实名投诉(是，否)，投诉类型，被投诉人单位或个人，处理期限开始，处理期限结束点击保存后，会生成工单，转入受理岗。

(二) 受理岗处理

点击“待办事项”进入处理页面。

(1) 选择受理，再对三级分类进行选择。

(2) 选择不受理，需要选择不受理原因。

(3) 择转其他税务机关处理，需选择其他税务机构单位；提交处理意见后转入领导审核岗。

(三) 领导审核

点击“待办事项”，点击处理并签收，处理方式有“转反馈岗”“转处理岗”“办结”。

(1) 受理岗或处理岗选择“不受理”选择不受理的，领导审核并同意后则“转反馈岗”。

(2) 受理岗或处理岗选择“受理”，领导同意“受理”后则“转处理岗”。

(3) 受理岗或处理岗选择“转其他税务机关”，领导同意后则“转处理岗”。

(4) 当领导确认流程处理完成，选择“办结”。

(四) 调查岗处理

点击“待办事项”进入处理页面。处理类型有选择受理和调查，当跨级转时不需要选择。

(1) 选择勾选终止调查后需要选择终止调查原因。勾选终止调查后，在处理方式选择“转领导审核岗”。

(2) 需要延期申请，则要填写延期申请，点击下面的“延期申请按钮”。保存后，在处理方式选择“转领导审核岗”，由领导审批。

(3) 调查完成后，填写调查结果，点击处理页面的“反馈”，填写完后，处理方式选择“转反馈岗”。

(五) 反馈岗反馈

点击“待办事项”进入处理页面，点击回访，将调查结果回访纳税人。回访后，处理方式选择“转领导审核岗”(由领导岗作“办结”处理)。

(六) 领导岗办结

略。

(七) 归档

点击“投诉事项归档”。

(八) 回访

点击“投诉件回访”。

【温馨提示】

(1)《纳税服务投诉事项处理表》在系统内的制作，在综合查询下的点击“业务记录查询”。选择在业务类别选择投诉后，点击查询获取投诉记录，进入详情界面，当案件归档后，会有个“生成处理单”的按钮。点击生成处理单，会生成一个处理单 word 文档。

(2) 税务总局接收的投诉，从 12366 热线系统投诉模块“其他来源分派”转各省办理；调查处理单位应将处理情况录入投诉模块“答复内容”或上传附件，并完成“办结”和“归档”操作。

【案例解说】

1 月 25 日，纳税人通过微博反映，某办税服务厅的自助办税终端长期故障，先后两次前往办税服务厅均发现自助办税终端未修复，曾向某城区国税局反映相关情况，也未得到具体修复时间。

经核实，自助办税终端机故障的主要原因为自助办税终端配件损坏，服务商需要从外地采购配件耗费较长时间。1 月 17 日该办税服务厅发现故障后，及时贴出故障告示，并引导纳税人到办税服务厅前台办理业务。

某城区国税局纳税服务部门接到投诉后，再次迅速督促自助办税终端供应商派人处理故障，1月27日上午自助办税终端恢复工作。纳税服务部门通过微博对纳税人进行了回复和事后回访，纳税人对处理情况表示满意。

【要求】

请判断该投诉属于服务态度类、服务质效类还是侵害权益类的投诉，并分析其成功经验与不足之处。

【参考答案】

(1) 该投诉属于服务质效类“(五)税务机关及其工作人员违反纳税服务规范其他要求的”，系统软件出现故障未及时处理。

(2) 在该事件的处理过程中，值得肯定的是该办税服务厅发现自助办税终端故障后，能及时公告纳税人并做好相关指引工作。

(3) 但是我们还应看到自助办税终端故障处置过程中的缺点和不足：

一是应该围绕自助办税终端故障问题的反馈与跟进、对外的宣传口径和紧急处理方法，设计完善的应急处置方案，确保自助办税终端发生故障后，能够及时、有序、有效地处置。

二是联系自助办税终端供应商派人处理故障时，应该在第一时间请维修人员明确修复的时间，便于税务机关和纳税人安排办税事宜。

三是自助办税终端发生故障后，公告的途径应该多元化，除了在办税服务厅张贴故障公告外，还可以在门户网站等渠道向纳税人公告处理进程、应急方案、修复时间，尽可能扩大公告面。

【政策依据】

1.《国家税务总局关于修订〈纳税服务投诉管理办法〉的公告》(国家税务总局公告2015年第49号)

2.《国家税务总局关于进一步做好小微企业优惠政策落实情况投诉处理工作的通知》(税总函〔2014〕483号)

3.《国家税务总局关于调整纳税服务投诉办理时限的通知》(税总函〔2014〕476号)

4.《国家税务总局关于完善纳税服务投诉管理制度有关问题的通知》(税总函〔2016〕57号)

5.《国家税务总局关于进一步优化营改增纳税服务工作的通知》(税总发〔2016〕75号)

6.《12366纳税服务热线接收税收违法行政行为举报管理办法(试行)》(税总发〔2016〕145号)

7.《国家税务总局纳税服务司关于修订〈12366热线基本工作流程和作业标准(试行)〉的通知》(税总纳便函〔2016〕224号)

第二节 纳税人需求管理

纳税人需求管理分为:需求征集、需求分析、需求响应和结果运用4部分。

一、需求征集

(一) 征集对象

征集对象分为定向征集对象和非定向征集对象。

定向征集对象:按地域、规模、行业等要素选择有代表性的纳税人作为征集对象。

非定向征集对象:根据工作需要将全体纳税人作为征集对象。

(二) 征集类型

征集类型分为全面征集、日常征集和专项征集。

全面征集是税务总局、各省税务机关针对整体税收工作情况开展的较大范围纳税人需求征集,原则上每年开展一次。

日常征集是省以下税务机关(包括省税务机关、市税务机关、县税务机关)对税收管理服务各个环节开展的纳税人需求征集,原则上每半年归集整理一次。

专项征集是各级税务机关(税务总局、省税务机关、市税务机关、县税务机关)结合税收重点工作,针对某一类问题或某个专项工作开展的纳税人需求征集,征集时间根据税收重点工作安排确定。

(三) 征集方式

通过互联网平台、计算机辅助电话征集、移动终端平台、税务应用平台、发放纸质问卷、采集外部门信息、纳税人座谈会、入户走访、设立意见箱或意见簿等方式征集纳税人需求。

二、需求分析

(一) 需求分析内容

内容包括:政策落实、征管执法、服务规范、法律救济、信息化建设、人员素质和其他需求。

【延展阐述】

(1) 政策落实需求是纳税人在参与制定、修改税收法律、行政法规与规章,政策落实到位情况以及监督税收政策落实等方面的需求。

(2) 征管执法需求是纳税人对税务机关、税务人员征收管理和执法行为,以及在税收征收管理过程中尊重和保护纳税人合法权益等方面的需求。

(3) 服务规范需求是纳税人对税务机关、税务人员提供规范便捷服务方面的需求。

(4) 法律救济需求是纳税人认为税务机关的具体行政行为侵害其合法权益时需要税务机关提供行政救济的需求。

(5) 信息化建设需求是纳税人对税务机关提供的信息化技术手段的需求。

(6) 人员素质需求是纳税人对税务机关工作人员工作素质和工作能力提出的需求。

(7) 其他需求是纳税人提出的具有较强代表性和个性化特征的需求。

(二) 分析评估

税务机关对纳税人需求进行分析评估，对违反法律、法规、规章有关规定，反映事实不清等非正当需求，税务机关不予响应，以适当方式向纳税人反馈。

对纳税人的正当需求，税务机关充分参考政策法规、服务资源和职责权限等因素，提出切实可行的改进工作意见，从重要性和满意度两个方面，形成不同的服务改进策略：立即改进重要性高、满意度低的项目；持续关注重要性和满意度“双低”的项目；稳定发展重要性低满意度高的项目；继续保持重要性和满意度“双高”的项目。

三、需求响应

(一) 响应机制

分工负责、分级办理、分类处理。

【延展阐述】

(1) 分工负责：对属于职责范围的需求，直接处理，及时反馈纳税人；对不属于本部门职责范围的需求，及时转交相关职责部门办理；对涉及多个部门的需求，由纳税服务部门牵头，相关部门协同办理。

(2) 分级办理：依照职责办理纳税人需求，对超出职责范围的纳税人需求，报上级主管部门协调办理。认为下级税务机关应当办理而未办理的，可以责令其办理。税务机关认为有必要的，可以直接办理应由下级税务机关办理的纳税人需求。

(3) 分类处理：对纳税人提出的暂时不能响应的正当需求，应及时反馈纳税人，待条件具备时，主动采取措施予以响应。对不属于税务机关工作范围的需求，要及时告知、引导纳税人通过其他渠道反映需求。

(二) 工作时限

对纳税人提出的简单需求，及时反馈；对一般涉税需求，应于 15 个工作日内响应或反馈；对复杂涉税需求，应于 30 个工作日内响应或反馈；对存在困难不能在规定期限内响应或反馈的，经本级税务机关纳税服务部门负责人批准，可以适当延长办理时限。

【温馨提示】

对征集的纳税人需求资料归档保存，保存期限为3年。

四、结果运用

（1）改进工作：对征集的纳税人需求定期整理、分析研究，找出重点、共性需求加以应对，并根据纳税人需求变化，及时发现工作中的薄弱环节，采取相应措施，形成税收工作持续改进机制。

（2）辅助决策：充分利用纳税人需求大数据分析结果，定期向相关部门推送征管制度和税收政策的改进建议，为税务机关完善税收征管和税收政策提供参考。

（3）定期公开：定期向社会公开具有普遍性、代表性的纳税人需求办理结果，接受社会各界监督，不断提高纳税人对税收工作的参与度、满意度和税法遵从度。

【案例解说】

在2017年纳税人需求调查中有一道开放式提问，题为“您对××省国税局工作有何具体的意见和建议”。第三方调查公司将随机访问的纳税人解答进行了统计整理，以下××市××区30位纳税人的意见建议。请根据《国家税务总局关于加强纳税人需求管理工作的通知》（税总发〔2016〕128号）的相关规定，将每条纳税人反馈意见和建议作出需求分类判定，判定类型填写在例表4-1中的第三列空白处。

例表4-1　纳税人反馈意见和建议

地　区	意见和建议	需求类型	参考答案
××市××区	申报系统不稳定		信息化建设
××市××区	希望出台更多的优惠政策，特别是对中小企业扶持更大一点（优惠政策，减税）		政策落实
××市××区	增值税发票选择确认平台经常不好用		信息化建设
××市××区	有时候涉及到政策问题不知道咨询谁，有一整套办税流程介绍给我们看就好了		服务规范
××市××区	关于发票办理，网上申请后还要将发票带过去，过程太繁琐		征管执法
××市××区	宣传税法税率新的政策，微信、网络广泛应用于这些方面有大的改动，通过开会的形式指导，面对纳税人，有什么政策去到什么地方去开会。在一起面对面会好得多，一般你们通过网络、微信在政策宣传不如面对面来得好，有些人不关注微信情况，定期不定期的开会效果会好		服务规范
××市××区	有新政策时，希望宣传一下有什么东西升级或改变申报方式，要通知到位，培训到位		服务规范

（续表）

地　区	意见和建议	需求类型	参考答案
××市××区	简化征管程序		征管执法
××市××区	规范管理，不同地区对于同一事项的执行标准不一		征管执法
××市××区	国税局窗口的服务态度再好一点		服务规范
××市××区	税务人员对于最新政策掌握不清楚、业务水平太差，一问三不知		人员素质
××市××区	12366 和当地的服务热线电话打不进去		服务规范
××市××区	窗口经常换新人，对业务不熟悉，容易办错		人员素质
××市××区	对国税局大厅的工作人员服务不到位，等着叫号呢，里面的工作人员不叫号，在里面说话聊天		服务规范
××市××区	办税厅排队的等候时间太长		服务规范
××市××区	办事窗口多开一些，等候时间太久		服务规范
××市××区	多一些培训，专门有人能回答税务问题，能有专门的人帮忙解决问题，税务局能有专门的科来解决问题		服务规范
××市××区	增加政策方面的培训		服务规范
××市××区	增加自助设备，并且不限制自助设备使用时间		信息化建设
××市××区	系统瘫痪等待时间长		信息化建设
××市××区	特服号话务解答指引错误，建议加强业务培训		人员素质
××市××区	服务厅自助办税设备经常损坏，应当及时维修		信息化建设
××市××区	办事排队人太多，需要加快办事效率		服务规范
××市××区	营改增之后排队时间太长了		服务规范
××市××区	希望电子发票全面取代纸质发票		政策落实
××市××区	希望 12366 人员、特服号电话人员业务水平能提高		人员素质
××市××区	希望电子税务局网上业务办理种类更多		信息化建设
××市××区	税务局执行新的制度，首先内部加强，了解政策才可以，有的税务人员自己都不清楚业务，怎么能辅导企业呢		人员素质
××市××区	排队等候时间长		服务规范
××市××区	希望进一步简化涉税事项办理的流程，减少资料报送		征管执法

【政策依据】

1. 《国家税务总局关于加强纳税人权益保护工作的若干意见》（税总发〔2013〕15 号）
2. 《国家税务总局关于加强纳税人需求管理工作的通知》（税总发〔2016〕128 号）

第三节 纳税人满意度调查

税务机关为了解纳税人、有关单位对税收工作、税务工作人员的评价开展的抽样调查、统计分析等相关工作。

一、纳税人满意度调查的类型

纳税人满意度调查分为:全面调查、专项调查和日常调查。

(1) 全面调查:针对重点工作,覆盖省市县三级税务机关,涉及多项调查指标的调查,由税务总局和省税务机关决定是否开展,每两年一次,市以下税务机关不得开展。

(2) 专项调查:各级税务机关针对上一年度全面调查反映的突出问题,决定是否在一定范围内开展部分指标的复查或专项调查。原则上一个年度内只能进行一次(指同一税务机关)。

【温馨提示】

税务总局、省税务机关、市税务机关和县税务机关都可以决定是否开展专项调查。

(3) 日常调查:各地税务机关针对本地日常税收管理和服务工作及时进行纳税人满意度调查。

二、调查方式

可自行组织或委托第三方专业机构实施调查,可采用电话、网络、信函、入户走访、窗口服务评价等方式开展。

三、调查指标及评分标准

(1) 调查指标:包括政策落实、规范执法、服务质效、信息化建设、廉洁自律等方面。

(2) 评分标准:有两种方式,赋值评分和非评分方式进行统计。赋值评分一般采用百分制,对不同评价项赋以不同分值,根据纳税人所选评价项确定得分。非评分方式一般采用百分占比、文字描述等方式展现调查内容和结果。

四、调查实施

调查实施分制定方案、调查准备、调查实施、统计汇总、数据分析、形成报告、资料归档 6 个方面。日常调查可结合实际情况适当简化调查方案及调查准备工作。

(1) 制定方案。调查方案包括调查目的、类型、指标、方式、时间、区域、样本类型、样本数量、调查要求和职责分工等内容。国税机关、地税机关联合开展纳税人满意度调查的，双方应共同制定调查方案。

(2) 调查准备。开展培训，使调查人员了解熟悉调查指标和调查方法。在正式调查前可开展预调查，检验调查方案，提高调查质量。

(3) 调查实施。各地税务机关或第三方专业机构应根据调查方案开展纳税人满意度调查。

(4) 统计汇总。调查结束后，对调查数据进行计算、汇总和复核，确保调查结果准确归集对应调查指标和被调查单位。

(5) 数据分析。按照调查指标、层级、单位等口径开展数据分类分析、同比分析、趋势分析等，归纳梳理共性问题。

(6) 形成报告。调查报告包括纳税人满意度总体情况、成效、存在问题、整改要求以及工作预判与建议等内容。

(7) 资料归档。各级税务机关应按照档案管理规定，对纳税人满意度调查资料归档保存，保存期限为5年。

【延展阐述】

(1) 对委托第三方专业机构开展调查的，须与第三方专业机构签署协议，确保纳税人信息安全，调查资料、获取数据及成果所有权归属税务机关。

(2) 各级税务机关应对受托方实施过程监督，确保调查过程有效、公正和真实。

(3) 调查费用达到政府采购限额标准的，按照政府采购相关规定执行。

五、结果运用

(1) 考核通报。各级税务机关对纳税人满意度调查结果予以通报，并将纳税人满意度调查结果纳入绩效考核、数字人事管理。

(2) 改进工作。各地税务机关根据上级或本级税务机关纳税人满意度调查通报、调查报告，深入分析原因，制定整改方案，有针对地改进工作。

(3) 外部反馈。各级税务机关可通过税务网站、新闻媒体、纳税人学堂等渠道，向纳税人反馈调查相关数据信息，增进纳税人理解。

(4) 需求管理。省税务机关应根据纳税人满意度调查结果，对纳税人需求进行归集、整理、分析，掌握纳税人需求变化动向，为改进服务提供决策参考。

【案例解说】

为进一步优化纳税服务，提高工作效率，提升服务针对性，推进标准化办税服务厅建设，推进办税厅工作更上台阶，某县国税局于2017年3月10日到2017年6月30日通过办税服务厅陆续发放调查问卷的形式进行了“某县国家税务局办税服务厅服务工作满意度调查”。发放问卷并有效填写共120人次。汇总整理问卷数据如下：

(1) 对办税服务厅环境及配套设施满意的有85人，不满意的有20人。

(2) 对办税服务厅人员服务意识和服务态度满意的有62人，不满意的有35人。

(3) 对办税服务厅公布信息资料明晰度满意的有58人，不满意的有40人。

(4) 对办税服务厅办事效率满意的有61人，不满意的有58人.

(5) 对办税服务厅办事流程满意的有50人，不满意的有62人

(6) 对窗口人员业务操作熟练程度满意的有56人，不满意的有45人。

【要求】

请根据材料并结合办税服务厅工作实际，对本次满意度问卷调查数据反映的基本情况进行分析。

【参考答案】

(1) 参与调查的纳税人对办税服务厅环境及配套设施满意的有85人，占比为70.83%，表明大多数纳税人对当前办税服务厅设置的自助办税系统、导税台、排队叫号机等环境配套设施比较满意。不满意的有20人，占比为16.67%，表明办税服务厅还需进一步升级改造，加强硬件、软件环境服务设施建设。

(2) 参与调查的纳税人中，对办税服务厅人员服务意识和服务态度满意的有62人，占比为51.67%，不满意的有35人，占比为29.17%，表明了多数纳税人对办税服务厅人员的服务意识和服务态度满意，但服务意识和态度还有待提升。

(3) 被调查人员中对办税服务厅公布信息资料明晰度满意的有58人，占比为48.33%，不满意的有40人，占比为33.33%，表明办税厅公布的信息资料不够详尽，在今后的工作中应该增加涉税信息的发布量，并力求信息发布及时、明晰。

(4) 参与调查的纳税人中对办税服务厅办事效率满意的有61人，占比为50.83%，满意的有58人，占比相当，表明办税服务厅工作效率不高，存在拖沓现象，在下一步工作中应当加强整改。

(5) 参与调查的纳税人对办税服务厅人办事流程满意的有50人，占比41.67%，不满意的有62人，占比为51.67%，不满意的人数占多数，表明办税厅办事流程不精简，在下一步工作要切实改进，避免纳税人多头跑，办事难。

(6) 参与调查人员中对窗口人员业务操作熟练程度满意的有56人，占比为46.67%，不满意的有45人，占比为37.5%，表明工作人员业务操作不够熟练，还需加强培训学习和自我提升，在“快”和“准”上下功夫。

总体来看，纳税人对该局办税厅的各项工作比较满意，尤其是环境及配套服务设施方面。但也存在一定的问题，主要体现在办事流程和工作效率上，通过反映出的问题，为做好纳税服务工作提供了针对性。在下一步工作中，要按照“放管服”和便民办税的总体

要求，深入推进办税制度改革，简化流程、简并报表，提升工作效率；落实首问责任制、一次性告知、限时服务、预约服务、办税公开等系列服务制度；增强纳税服务意识，加强对窗口人员的业务培训，提高窗口办事效率，切实提高纳税人满意度。

【政策依据】

1.《国家税务总局关于进一步规范纳税人满意度调查工作的指导意见》(税总发〔2016〕92号)

2.《国家税务总局关于2016年纳税人满意度调查有关情况的通报》(税总发〔2016〕159号)

第五章

涉税信息查询

第一节　信 息 公 开

税务机关要坚持以公开为常态、不公开为例外，全面推进决策、执行、管理、服务、结果全过程公开。全面推行政务公开是保障公众知情权、参与权、表达权和监督权，增强税务部门公信力和执行力，提升税务部门治理能力具体体现。

一、推进税务行政许可公开

（一）事前公开

（1）公开内容：税务行政许可的事项、依据、条件、数量、程序、期限以及需要提交的全部材料的目录、申请书示范文本和服务指南。

（2）公开渠道：办税服务厅、税务网站。

（二）事中公开

（1）公开内容：税务行政许可受理、办理进展（提升税务行政许可办理透明度）。

（2）公开渠道：办税服务厅、税务网站。

（三）事后公开

（1）公开内容：行政许可决定书及其文号、设定依据、项目名称、许可内容、行政相对人统一社会信用代码和审批（许可）部门等信息。

（2）公开渠道：税务总局在税务总局门户网站进行公示，并同步将公示内容推送至“信用中国”网站及其他综合性政务门户网站。省及省以下税务机关统一在省税务机关门户网站进行公示，配合同级政府部门在政府门户网站公示。

（3）公开时限：在作出决定之日起 7 个工作日内完成。

二、税务决策信息公开

（1）对涉及纳税人切身利益、需要社会广泛知晓的征管改革、重大措施等事项的决策，除依法应当保密的外，应把公众参与、专家论证、风险评估、合法性审查、集体讨论决定确定为必经程序。

(2) 决策前应向社会公布决策草案、决策依据；决策作出后，全面公开决策议定事项和相关文件。

三、税收个案公开

税收个案批复应当自作出之日起 30 日内，由批复机关的办公厅(室)在本级政府公报、税务机关公报、本辖区范围内公开发行的报纸或本级政府网站、本税务机关网站上公布。

四、税收数据信息公开

省以上税务机关制定税收数据开放目录，优先推动民生保障、公共服务和市场监管等领域的税收数据向社会有序开放。

主动公开纳税信用 A 级纳税人名单及相关信息，省以下税务机关及时发布欠税公告、非正常户公告、个体工商户定额公示(公布)公告、税务登记证件失效公告、限期申报公告、限期纳税公告、委托代征公告等。

五、税收执法信息公开

对于重大税收违法案件，税务稽查作出税务处理、行政处罚决定的税务机关，在案件复议诉讼期间届满或经复议诉讼最终确定效力后次月 10 日内，在省税务机关门户网站完成公布。

税务行政处罚事项公示内容应包括：行政处罚决定书文号、执法依据、案件名称、行政相对人统一社会信用代码、处罚事由、作出处罚决定的部门和处罚结果等信息。简易处罚可暂不公示。做出行政处罚决定之日起 7 个工作日内完成公示。

六、办税公开

税务机关应公开税务机构和职责、纳税人权利和义务、税收政策、税收行政许可项目、税务行政审批事项、办税程序、重大服务举措、欠缴税款信息、信用级别为 A 级的纳税人名单、税务行政处罚标准、服务承诺、办公时间、咨询和投诉举报监督电话等事项。(对外公开电话：政府信息公开工作机构联系电话、纳税咨询、纳税服务投诉电话、税收违法行为举报电话、税务干部违纪举报电话、税务部门联系电话、纳税人端税务软件支持电话)

依托纳税服务规范，及时更新税务网站办税指南、表证单书、软件下载等信息内容。及时发布办税日历、办税地图及服务通知等。

办税公开渠道：税务总局、省、市税务机关通过税务网站，市、县税务机关通过办税服务厅公告栏、电子显示屏等渠道发布税收政策文件及其解读并及时更新维护。税务总局、省、市税务机关根据实际情况制作税收政策文件宣传资料，并由市、县税务机关及时通过办税服务厅等场所提供纳税人取阅。

税务总局、省税务机关将办税流程制作成二维码，市、县税务机关通过办税服务厅公告栏、电子显示屏等渠道主动宣传并引导纳税人使用二维码。

【政策依据】

1.《国家税务总局关于全面推进政务公开工作的意见》(税总发〔2016〕50 号)

2.《国家税务总局关于做好“二维码”一次性告知工作的通知》(税总函〔2015〕678 号)

3.《全面推进政务公开工作实施办法》(税总发〔2017〕44 号)

4.《国家税务总局办公厅关于做好行政许可和行政处罚等信用信息公示工作的通知》(税总办发〔2016〕19 号)

第二节　涉税信息查询

税务机关依法对外提供的信息查询服务。可以查询的信息包括由税务机关专属掌握可对外提供查询的信息，以及有助于纳税人履行纳税义务的税收信息。涉税咨询、依申请公开信息不属于本办法所称涉税信息查询。

一、基本规定

省税务机关应当推进实现涉税信息统一归集，充实查询内容，加强查询平台建设，提供多元化查询渠道，探索主动推送信息等创新服务方式。

(1) 社会公众可以通过报刊、网站、信息公告栏等公开渠道查询税收政策、重大税收违法案件信息、非正常户认定信息、A 级纳税人信息、税务行政许可和税务行政处罚信息等依法公开的涉税信息。

(2) 纳税人可以通过网站、客户端软件、自助办税终端等渠道，经过有效身份认证和识别，自行查询税费缴纳情况、纳税信用评价结果、涉税事项办理进度等自身涉税信息。

(3) 纳税人书面申请查询，要求税务机关出具书面查询结果的，税务机关应当出具《涉税信息查询结果告知书》，涉税信息查询结果不作为涉税证明使用。

纳税人对查询结果有异议，可以向税务机关申请核实，并提交涉税信息查询结果核实申请表、原涉税信息查询结果、相关证明材料。

二、报送资料

(1) 书面申请查询,应当提交以下资料:

① 涉税信息查询申请表。

② 纳税人本人(法定代表人或主要负责人)有效身份证件原件及复印件。

(2) 纳税人本人(法定代表人或主要负责人)授权其他人员代为书面申请查询,应当提交以下资料:

① 涉税信息查询申请表。

② 纳税人本人(法定代表人或主要负责人)有效身份证件复印件。

③ 经办人员有效身份证件原件及复印件。

④ 由纳税人本人(法定代表人或主要负责人)签章的授权委托书。

【政策依据】

《国家税务总局关于发布涉税信息查询管理办法的公告》(国家税务总局公告2016年第41号)

第三节　涉税保密信息查询

纳税人涉税保密信息,是指税务机关在税收征收管理工作中依法制作或者采集的,以一定形式记录、保存的涉及到纳税人商业秘密和个人隐私的信息。主要包括纳税人的技术信息、经营信息和纳税人、主要投资人以及经营者不愿公开的个人事项。

一、基本规定

(1) 纳税人的税收违法行为信息不属于保密信息范围。

(2) 税务机关可以披露纳税人的有关涉税信息,主要包括:根据纳税人信息汇总的行业性、区域性等综合涉税信息、税收核算分析数据、纳税信用等级以及定期定额户的定额等信息。

(3) 税务机关在税收征收管理信息系统或者办公用计算机系统的开发建设、安装调试、维护维修过程中,要与协作单位签订保密协议,采取保密措施,防止纳税人涉税保密信息外泄。

(4) 各级税务机关要严格执行泄密汇报制度,及时掌握泄密情况。对延误报告时间或者故意隐瞒、影响及时采取补救措施的,根据造成后果的严重程度,分别追究经办人和有关负责人的责任。

(5) 税务机关对申请人申请查询涉税信息的申请资料应专门归档管理,保存期限为3年。

二、报送资料

(1) 纳税人查询自身涉税信息,需提供《纳税人、扣缴义务人涉税保密信息查询申请表》、查询人本人有效身份证件原件;纳税人授权其他人员代为查询的,除上述资料外还需提供委托人本人(法定代表人或财务负责人)签字的委托授权书、代理人的有效身份证件原件。

(2) 纳税人通过税务机关网站提供的查询功能查询自身涉税信息的,必须经过身份认证和识别。

(3) 人民法院、人民检察院和公安机关向税务机关提出查询申请,需提供《纳税人、扣缴义务人涉税保密信息查询申请表》、单位介绍信、查询人有效身份证件原件。

人民法院、人民检察院和公安机关依法查询纳税人涉税保密信息的,应当向被查询纳税人所在地的县级或县级以上税务机关提出查询申请,应当由两名以上工作人员到主管税务机关办理。

(4) 抵押权人、质权人申请查询纳税人欠税有关情况,需提供《纳税人、扣缴义务人涉税保密信息查询申请表》、合法有效的抵押合同或者质押合同的原件、查询人本人有效身份证件原件;授权其他人员代为查询的,还需提供委托人本人的委托授权书、代理人的有效身份证件原件。

【政策依据】

《国家税务总局关于印发〈纳税人涉税保密信息管理暂行办法〉的通知》(国税发〔2008〕93号)

第六章

涉税专业服务

涉税专业服务是指涉税专业服务机构接受委托，利用专业知识和技能，就涉税事项向委托人提供的税务代理等服务。涉税专业服务机构是指税务师事务所和从事涉税专业服务的会计师事务所、律师事务所、代理记账机构、税务代理公司、财税类咨询公司等机构。

第一节　涉税专业监管

一、基市规定

（一）涉税专业服务的概念

涉税专业服务是指涉税专业服务机构接受委托，利用专业知识和技能，就涉税事项向委托人提供的税务代理等服务。

（二）涉税专业服务机构范围

它包括税务师事务所和从事涉税专业服务的会计师事务所、律师事务所、代理记账机构、税务代理公司、财税类咨询公司等机构。

（三）监管主体和监管对象

税务机关对涉税专业服务机构在中华人民共和国境内从事涉税专业服务进行监管。监管主体为各级税务机关，也就是具体行政监管职责的各级税务局。监管对象是涉税专业服务机构在中华人民共和国境内从事涉税专服务行为。除税务师事务所以外，如果不从事涉税专服务，会计师事务所、律师事务所、代理计账机构、税务代理公司、财税类咨询公司则不纳入税务机关涉税专业服务监管范围，也就是不监管这些主体，但这些市场主体本身应当履行的纳税义务除外。

同时，税务师行业协会也属于税务机关的监管对象，主要是指税务总局和各省税务局分别负责对中税协和各省税协的监管责任；当然，他们也分别是中税协和各省税协的主管部门，负责业务主管和党建主管责任。税务机关不同有对其他行业协会，如会计、师律协会的监管职责，但税务机关应当与这些行业协会建立工作联系制度。

（四）双开放制度

一是涉税服务市场对会计师事务所、律师事务所、代理记账机构、税务代理公司、财税类咨询公司等其他机构开放。二是税务师事务所股东或合伙人向注册会计师、律师开放，但税务师占比应高于50%。

（五）报送和留存备查制度

(1) 涉税专业服务机构为委托人出具的各类涉税报告和文书，由双方留存备查，其中，税收法律、法规及国家税务总局规定报送的，应当向税务要关报送。

(2) 涉税专业服务机构应当向税务机关提供机构和从事涉税服务人员的姓名、身份证号、专业资格证书编号、业务委托协议等实名信息。

二、涉税专业服务的业务范围

（一）纳税申报代理

该业务是指对纳税人、扣缴义务人提供的资料进行归集和专业判断，代理纳税人、扣缴义务人进行纳税申报准备和签署纳税申报表、扣缴税款报告表以及相关文件。

（二）一般税务咨询

该业务是指对纳税人、扣缴义务人的日常办税事项提供税务咨询服务。

（三）专业税务顾问

该业务是指对纳税人、扣缴义务人的涉税事项提供长期的专业税务顾问服务。

（四）税收策划

该业务是指对纳税人、扣缴义务人的经营和投资活动提供符合税收法律法规及相关规定的纳税计划、纳税方案。

（五）涉税鉴证

该业务是指按照法律、法规以及依据法律、法规制定的相关规定要求，对涉税事项真实性和合法性出具鉴定和证明。

（六）纳税情况审查

该业务是指接受行政机关、司法机关委托，依法对企业纳税情况进行审查，作出专业结论。

（七）其他税务事项代理

该业务是指接受纳税人、扣缴义务人的委托，代理建账记账、发票领用、减免退税申请等税务事项。

（八）其他涉税服务

它包括前7项未规定的事项，如涉税培训、纳税风险评估等。

【温馨提示】

(1) 专业税务顾问、税收策划、涉税鉴证和纳税情况审查4项业务，由于专业性较强且直接影响国家税收，由具有税务师事务所、会计师事务所、律师事务所资质的涉税专业服务机构从事，其他机构不能从事，同时还确定了税务师、注册会计师、律师在相关文书上签字的责任。

(2) 纳税申报代理等其他业务，向所有的涉税专业服务机构开放。

(3) 税务机关购买涉税专业服务的原则。税务机关所需的涉税专业服务，应当通过政府采购方式购买。(明确不得将履行职责所需的涉税专业服务费用，转嫁给企业支付。)

(4) 税务机关和税务人员不得参与或违规干预涉税专业服务机构经营活动。

【政策依据】

《国家税务总局关于发布〈涉税专业服务监管办法(试行)〉的公告》(国家税务总局公告2017年第13号)

第二节　税务师事务所行政登记

一、税务师事务所(分所)行政登记

(一) 基本规定

税务师事务所行政登记是指税务机关对在商事登记名称中含有"税务师事务所"字样的税务师事务所进行书面记载的行政行为。未经行政登记不得使用"税务师事务所"名称，不能享有税务师事务所的合法权益。

税务师事务所办理商事登记后，应当自取得营业执照之日起20个工作日内，向省税务机关办理税务师事务所(分所)行政登记。

【延展阅述】

(1) 税务师事务所分所的行政登记参照《税务师事务所行政登记规程(试行)》(国家税务总局公告2017年第31号)第六条至第十一条规定办理。

① 税务师事务所应符合规定的组织形式。

② 合伙人或者股东由税务师、注册会计师、律师担任，其中，税务师占比应高于50%。

③ 有限责任制税务师事务所的法定代表人由股东担任。

④ 税务师、注册会计师、律师不能同时在两家以上的税务师事务所担任合伙人、股东或者从业。

⑤ 税务师事务所字号不得与已经行政登记的税务师事务所字号重复。

⑥ 税务师事务所分所的负责人应当由总所的合伙人或者股东担任。

(2) 符合以下条件的税务师事务所，可以担任税务师事务所的合伙人或者股东：

① 执行事务合伙人或者法定代表人由税务师担任。

② 前3年内未因涉税专业服务行为受到税务行政处罚。

③ 法律行政法规和国家税务总局规定的其他条件。

(3) 符合以下条件的从事涉税专业服务的科技、咨询公司，可以担任税务师事务所的合伙人或者股东：

① 由税务师或者税务师事务所的合伙人(股东)发起设立，法定代表人由税务师担任。

② 前3年内未因涉税专业服务行为受到税务行政处罚。

③ 法律行政法规和国家税务总局规定的其他条件。

(二) 报送资料

(1)《税务师事务所行政登记表》2份。

(2) 营业执照复印件1份。

(3) 机构担任税务师事务所合伙人或股东还需报送《税务师事务所机构合伙人或股东信息备案表》2份。

(三) 办理流程

(1) 受理。省税务师管理部门接收材料，核对材料是否齐全、是否符合法定形式、填写内容是否完整，符合的即时受理；对材料不齐全或者不符合法定形式的，当场一次性告知需要补正的全部材料。

(2) 办理。录入系统，对相关信息在不少于5个工作日期限内进行公示。将相关信息在门户网站、电子税务局和办税服务场所进行公告。

(3) 反馈。对不符合登记条件的，出具《税务师事务所行政登记不予登记通知书》；对符合行政登记条件的，颁发《税务师事务所行政登记证书》。

(4) 归档。将资料进行归档。将《税务师事务所行政登记表》报送国家税务总局、抄送省税务师行业协会。将不予登记的税务师事务所名单抄送工商行政管理部门。将《税务师事务所机构合伙人或股东信息备案表》报送国家税务总局。

【温馨提示】

(1) 税务师事务所(分所)在省税务师管理部门办理税务师事务所行政登记。

(2) 省税务师管理部门自受理材料之日起20个工作日内办理税务师事务所(分所)行政登记。

二、税务师事务所(分所)行政登记变更

(一) 基本规定

税务师事务所的名称、组织形式、经营场所、合伙人或者股东、执行事务合伙人或者

法定代表人等事项发生变更的，应当自办理工商变更之日起 20 个工作日内办理变更行政登记。

（二）报送资料

（1）《税务师事务所变更/终止行政登记表》2 份。

（2）原《税务师事务所行政登记证书》1 份。

（3）变更后的营业执照复印件 1 份。

（4）机构担任税务师事务所合伙人或股东还需报送《税务师事务所机构合伙人或股东信息备案表》2 份。

（三）办理流程

（1）受理。省税务师管理部门接收变更材料，核对材料是否齐全、是否符合法定形式、填写内容是否完整，符合的即时受理。对材料不齐全或者不符合法定形式的，当场一次性告知需要补正的全部材料。

（2）办理。录入系统，办理变更行政登记，将税务师事务所（分所）变更情况在门户网站、电子税务局和办税服务场所进行公告。

（3）反馈。对符合行政登记条件的，换发《税务师事务所行政登记证书》。对不符合登记条件的，出具《税务师事务所行政登记不予受理通知书》。

（4）归档。将资料进行归档。将《税务师事务所变更/终止行政登记表》报送国家税务总局、抄送省税务师行业协会。将不予变更行政登记的税务师事务所（分所）名单抄送工商行政管理部门；将《税务师事务所机构合伙人或股东信息备案表》报送国家税务总局。

【温馨提示】

（1）税务师事务所（分所）在省税务师管理部门办理税务师事务所（分所）行政登记变更。

（2）省税务师管理部门自受理材料之日起 15 个工作日内办理税务师事务所（分所）行政登记变更。

三、税务师事务所（分所）行政登记终止

（一）基本规定

税务师事务所注销工商登记前，应当向所在地省税务机关提交材料办理终止行政登记。

（二）报送资料

（1）《税务师事务所变更/终止行政登记表》2 份。

（2）《税务师事务所行政登记证书》1 份。

（三）办理流程

（1）受理。省税务师管理部门接受材料，核对材料是否齐全、是否符合法定形式，符合的即时受理；材料不齐全或者不符合法定形式的，一次性告知需要补正的全部材料。

（2）办理。录入系统，予以终止行政登记。将已经终止行政登记的税务师事务所（分所）相关信息在门户网站、电子税务局和办税服务场所进行公告。

（3）反馈。终止情形不实的，出具《税务师事务所不予登记通知书》；终止情形属实的，收回《税务师事务所行政登记证书》。

（4）归档。将资料进行归档。将《税务师事务所变更/终止行政登记表》报送国家税务总局、抄送省税务师行业协会。

【温馨提示】

（1）税务师事务所（分所）到省税务师管理部门办理税务师事务所行政登记。

（2）税务师事务所（分所）在注销工商登记前向所在地省税务机关提交材料办理终止行政登记。

（3）税务师事务所（分所）终止行政登记情形属实。

【政策依据】

1.《国家税务总局关于分布〈涉税专业服务监管办法（试行）〉的公告》（国家税务总局公告2017年第13号）

2.《国家税务总局关于分布〈税务师事务所行政登记规程（试行）〉的公告》（国家税务总局公告2017年第31号）

3.《国家税务总局关于税务师事务所行政登记有关问题的公告》（国家税务总局公告2018年第4号）

第三节　涉税专业服务基本信息和业务信息报送

一、涉税专业服务机构（人员）基本信息报送

（一）基本规定

（1）涉税专业服务机构（人员）基本信息报送是涉税专业服务机构向税务机关报送涉税专业服务机构及其从事涉税服务人员的基本信息、基本信息变更和服务状态变化。

（2）涉税专业服务机构首次报送基本信息的应当于首次提供涉税专业服务前、基本信息发生变更的应当自变更之日起30日内、暂时停止提供涉税专业服务的应当于完成或终止全部涉税专业服务协议后、恢复提供涉税专业服务的应当于恢复后首次提供涉税专业服务前办理涉税专业服务机构（人员）基本信息报送。

（二）报送资料

《涉税专业服务机构（人员）基本信息采集表》2份。（税务机关和涉税专业服务机构各留存一份）

（三）办理流程

（1）受理。办税服务厅接收资料，核对资料是否齐全、是否符合法定形式、填写内容是否完整，符合的即时办结；不符合的当场一次性告知应补正资料或不予受理原因。

（2）办理。录入系统。

（3）反馈。将《涉税专业服务机构（人员）基本信息采集表》一份交付涉税专业服务机构留存。

（4）归档。将资料进行归档。

【温馨提示】

（1）税务师事务所应当先办理税务师事务所行政登记，取得《税务师事务所行政登记证书》。

（2）涉税专业服务机构原则上应当通过网上报送涉税专业服务机构（人员）基本信息，因客观原因无法通过网上报送的，可在非征期内通过实体办税服务厅办理。

【政策依据】

1.《国家税务总局关于发布〈涉税专业服务监管办法（试行）〉的公告》（国家税务总局公告2017年第13号）

2.《国家税务总局关于采集涉税专业服务基本信息和业务信息有关事项的公告》（国家税务总局公告2017年第49号）

二、涉税专业服务协议要素信息报送

（一）基本规定

（1）涉税专业服务协议要素信息报送是涉税专业服务机构向税务机关报送与委托人签订的业务委托协议的要素信息、要素信息变更和终止信息。

（2）涉税专业服务机构应当于首次为委托人提供业务委托协议约定的涉税服务前、业务委托协议发生变更或者终止的应当自变更或者终止之日起30日内办理涉税专业服务协议要素信息报送。

（二）报送资料

《涉税专业服务协议要素信息采集表》2 份。（税务机关和委托人、涉税专业服务机构各留存一份）

（三）办理流程

（1）受理。办税服务厅接收资料，核对资料是否齐全、是否符合法定形式、填写内容是否完整，符合的即时办结；不符合的当场一次性告知应补正资料或不予受理原因。

（2）办理。录入系统。

（3）反馈。将《涉税专业服务协议要素信息采集表》两份交付涉税专业服务机构、委托人留存。

（4）归档。将资料进行归档。

【温馨提示】

（1）涉税专业服务机构原则上应当通过网上报送涉税专业服务协议要素信息，因客观原因无法通过网上报送的，可在非征期内通过实体办税服务厅办理。

（2）涉税专业服务机构仅报送业务委托协议的要素信息，业务委托协议原件由涉税专业服务机构和委托人双方留存备查。

【政策依据】

1.《国家税务总局关于发布〈涉税专业服务监管办法（试行）〉的公告》（国家税务总局公告 2017 年第 13 号）

2.《国家税务总局关于采集涉税专业服务基本信息和业务信息有关事项的公告》（国家税务总局公告 2017 年第 49 号）

三、涉税专业服务年度报告报送

（一）基本规定

（1）涉税专业服务年度报告报送是涉税专业服务机构应当以年度报告形式，向税务机关报送从事涉税专业服务的总体情况。

（2）涉税专业服务机构应当于每年 3 月 31 日前办理涉税专业服务年度报告报送。

（二）报送资料

《年度涉税专业服务总体情况采集表》2 份。（税务机关和涉税专业服务机构各留存一份）

（三）办理流程

（1）受理。电子税务局自动核对填写内容是否符合法定形式、是否完整，符合的即时办结；不符合的自动提示应补正内容或不予受理原因。

（2）办理。录入系统。

（3）反馈。涉税专业服务机构自行打印《年度涉税专业服务总体情况采集表》留存。

（4）归档。将资料进行归档。

【温馨提示】

涉税专业服务机构应当通过网上报送年度涉税专业服务总体情况。

【政策依据】

1.《国家税务总局关于发布〈涉税专业服务监管办法（试行）〉的公告》（国家税务总局公告 2017 年第 13 号）

2.《国家税务总局关于采集涉税专业服务基本信息和业务信息有关事项的公告》（国家税务总局公告 2017 年第 49 号）

四、涉税专业服务专项报告报送

（一）基本规定

涉税专业服务专项报告报送是税务师事务所、会计师事务所、律师事务所从事专业税务顾问、税收策划、涉税鉴证、纳税情况审查业务，应当向税务机关单独报送相关业务信息。税务师事务所、会计师事务所、律师事务所应当于完成专业税务顾问、税收策划、涉税鉴证、纳税情况审查的次月底前办理涉税专业服务专项报告报送。上述业务的完成时间，以税务师、注册会计师、律师在相关文书上签字的时间为准。

（二）报送资料

《专项业务报告要素信息采集表》2 份（税务机关和涉税专业服务机构各留存一份）。

（三）办理流程

（1）受理。电子税务局自动核对填写内容是否符合法定形式、是否完整，符合的即时办结；不符合的自动提示应补正内容或不予受理原因。

（2）办理。录入系统。

（3）反馈。涉税专业服务机构自行打印《专项业务报告要素信息采集表》留存。

（4）归档。将资料进行归档。

【温馨提示】

（1）涉税专业服务机构应当通过网上报送专项业务报告要素信息。

（2）涉税专业服务机构仅报送专项业务报告要素信息，专项业务报告的原件由涉税专业服务机构和委托人双方留存备查，除税收法律、法规及国家税务总局规定报送的外，无须向税务机关报送。

【政策依据】

1.《国家税务总局关于发布〈涉税专业服务监管办法(试行)〉的公告》(国家税务总局公告2017年第13号)

2.《国家税务总局关于采集涉税专业服务基本信息和业务信息有关事项的公告》(国家税务总局公告2017年第49号)

第四节　涉税专业服务信用评价

涉税专业服务信用管理，是指税务机关对涉税专业服务机构从事涉税专业服务情况进行信用评价，对从事涉税服务人员的执业行为进行信用记录。涉税专业服务机构信用评价实行信用积分和信用等级相结合方式。从事涉税服务人员信用记录实行信用积分和执业负面记录相结合方式。

一、信用积分

(一) 信用分类

(1) 税涉税专业服务信用信息分为涉税专业服务机构信用信息和从事涉税服务人员信用信息。

(2) 涉税专业服务机构信用信息包括：纳税信用、委托人纳税信用、纳税人评价、税务机关评价、实名办税、业务规模、服务质量、业务信息质量、行业自律、人员信用等。

(3) 从事涉税服务人员信用信息包括：基本信息、执业记录、不良记录、纳税记录等。

(二) 采集信用信息的渠道

(1) 涉税专业服务机构和从事涉税服务人员报送的信息。

(2) 税务机关税收征管过程中产生的信息和涉税专业服务监管过程中产生的信息。

(3) 其他行业主管部门和行业协会公开的信息。

(4) 涉税专业服务机构跨区域从事涉税专业服务的相关信用信息，归集到机构所在地。

(三) 信用积分

(1) 涉税专业服务机构信用积分为评价周期内的累计积分，按月公告，下一个评价周期重新积分。评价周期为每年1月1日至12月31日。

(2) 第一个评价周期信用积分的基础分为涉税专业服务机构当前纳税信用得分，以后每个评价周期的基础分为该机构上一评价周期信用积分的百分制得分。

(3) 涉税专业服务机构未参加纳税信用级别评价的，第一个评价周期信用积分的基础分按照70分计算。

二、信用等级

(一) 评价周期

省税务机关根据信用积分和信用等级标准对管辖的涉税专业服务机构进行信用等级评价。在一个评价周期内新设立的涉税专业服务机构，不纳入信用等级评价范围。每年 4 月 30 日前完成上一个评价周期信用等级评价工作。信用等级评价结果自产生之日起，有效期为 1 年。

(二) 信用等级

涉税专业服务机构信用(英文名称为 Tax Service Credit，缩写为 TSC)按照从高到低顺序分为五级，分别是 TSC5 级、TSC4 级、TSC3 级、TSC2 级和 TSC1 级。涉税专业服务机构信用积分满分为 500 分，涉税专业服务机构信用等级标准如下：

(1) TSC5 级为信用积分 400 分以上的。

(2) TSC4 级为信用积分 300 分以上不满 400 分的。

(3) TSC3 级为信用积分 200 分以上不满 300 分的。

(4) TSC2 级为信用积分 100 分以上不满 200 分的。

(5) TSC1 级为信用积分不满 100 分的。

(三) 信用评分

(1) 税务机关对涉税专业服务机构违反《涉税专业服务监管办法(试行)》第十四条、第十五条规定进行处理的，根据处理结果和《涉税专业服务机构信用积分指标体系及积分规则》，进行积分扣减和降低信用等级。

(2) 对从事涉税服务人员违反《涉税专业服务监管办法(试行)》第十四条、第十五条规定进行处理的，根据处理结果和《从事涉税服务人员个人信用积分指标体系及积分记录规则》，进行积分扣减和执业负面记录。

(3) 税务机关对涉税专业服务机构和从事涉税服务人员违反《涉税专业服务监管办法(试行)》第十四条、第十五条规定的情形进行分类处理。属于严重违法违规情形的，纳入涉税服务失信名录，期限为 2 年，到期自动解除。

三、信用信息公告

(一) 信息公告

税务机关应当在门户网站、电子税务局和办税服务场所公告下列信息：

(1) 涉税专业服务机构信用积分。

(2) 涉税服务失信名录。

(二) 信息查询

(1) 税务机关应当通过门户网站、电子税务局等渠道提供涉税专业服务信用信息查询服务。

(2) 纳税人可以查询涉税专业服务机构的涉税专业服务信用等级和从事涉税服务人员的信用积分;涉税专业服务机构可以查询本机构的涉税专业服务信用等级及积分明细和所属从事涉税服务人员的信用积分;从事涉税服务人员可以查询本人的信用积分明细。

(三) 信息复核

(1) 涉税专业服务机构和从事涉税服务人员对信用积分、信用等级和执业负面记录有异议的,可以书面向主管税务机关提供相关资料或者证明材料,申请复核。主管税务机关对相关资料或者证明材料的完整性进行审核,审核通过后逐级提交至省税务机关,由省税务机关组织复核。

(2) 省税务机关应当于30个工作日内完成复核工作,并将复核结果逐级传递至受理复核申请的税务机关,由受理复核申请的税务机关告知申请人。

(3) 省税务机关应当建立涉税专业服务信用积分、信用等级和执业负面记录的复核工作制度,明确工作程序,保障申请人正当权益。

四、结果运用

(1) 对达到TSC5级的涉税专业服务机构,税务机关采取下列激励措施:

① 开通纳税服务绿色通道,对其所代理的纳税人发票可以按照更高的纳税信用级别管理。

② 依托信息化平台为涉税专业服务机构开展批量纳税申报、信息报送等业务提供便利化服务。

③ 在税务机关购买涉税专业服务时,同等条件下优先考虑。

(2) 对达到TSC4级、TSC3级的涉税专业服务机构,税务机关实施正常管理,适时进行税收政策辅导,并视信用积分变化,选择性地提供激励措施。

(3) 对涉税专业服务信用等级为TSC2级、TSC1级的涉税专业服务机构,税务机关采取以下措施:

① 实行分类管理,对其代理的纳税人税务事项予以重点关注。

② 列为重点监管对象。

③ 向其委托方纳税人主管税务机关推送风险提示。

④ 涉税专业服务协议信息采集,必须由委托人、受托人双方到税务机关现场办理。

(4) 对纳入涉税服务失信名录的涉税专业服务机构和从事涉税服务人员,税务机关采取以下措施:

① 予以公告并向社会信用平台推送。

② 向其委托方纳税人、委托方纳税人主管税务机关进行风险提示。

③ 不予受理其所代理的涉税业务。

【政策依据】

1.《国家税务总局关于发布〈涉税专业服务监管办法（试行）〉的公告》（国家税务总局公告2017年第13号）

2.《国家税务总局关于发布〈涉税专业服务信用评价管理办法（试行）〉的公告》（国家税务总局公告2017年第48号）

目　录

税务机关办税服务厅
业务指南大全（全三册）

中 办税指南

刘慧平○主编

立信会计出版社
LIXIN ACCOUNTING PUBLISHING HOUSE